日本禹王遺跡分布図 2019

2019 年 6 月 30 日現在　編集・作成 / 治水神・禹王研究会

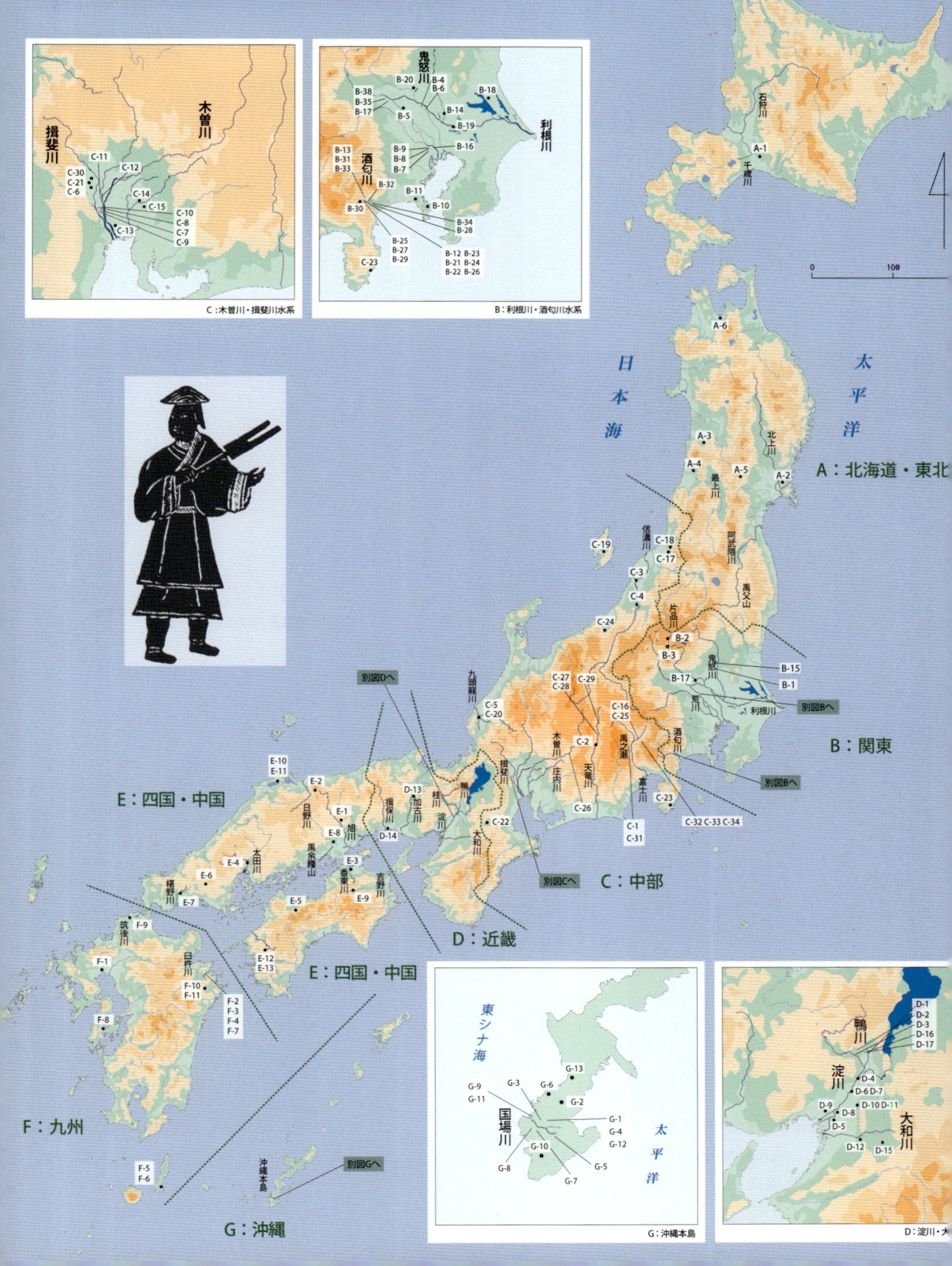

全国各地の禹王遺跡

＜ A-1 ＞などの表記は遺跡番号を示す

北海道＜ A-1 ＞千歳市の禹甸荘碑

泉郷地区圃場整備事業の竣工記念として事業促進期成会が建立.

東北＜ A-6 ＞青森県青森市の禹門

棟方志功記念館と市民図書館との境に中門として設置.

東北＜ A-3 ＞秋田県由利本荘市の大禹謨碑

高松市友好都市親善交流協会が，矢島町に贈った複製碑.

東北＜ A-4 ＞秋田県酒田市の大町新渠碑

相沢川からの水路開削に対する大沼信吉の顕彰碑.

東北＜ A-5 ＞宮城県加美町の大禹之碑

鳴瀬川の治水事業を実施した池田景孝が建てた岣嶁碑.

関東＜ B-3 ＞ 群馬県利根町の大禹之碑
大禹皇帝碑文を漢文訳した 77 文字を刻む.

東北＜地名＞ 福島県伊達市の禹父山
高子二十境の禹父山は明治初期に隣村上保原村の字名となる.

関東＜ B-2 ＞ 群馬県片品村の大禹皇帝碑
左は碑文の拡大. 星野誉市郎らにより建立された岣嶁碑. 村の指定文化財.

関東＜ B-14 ＞ 茨城県取手市の神浦堤成績碑
小貝川堤防の修築に貢献した酒詰治左衛門正辰の顕彰碑.

関東＜ B-5 ＞ 埼玉県久喜市の文命聖廟

元荒川低地に徳川綱吉の指示により建てられた廟.

関東＜ B-4 ＞ 埼玉県杉戸町の大禹像

木津内用水開削の記念碑で，谷文一が線刻した禹王像.

関東＜ B-13 ＞ 神奈川県南足柄市の文命宮と文命幟旗

酒匂川治水の恩人田中休愚が下賜した祭礼幟旗.

関東＜ B-7 ＞ 東京都文京区 古市公威像

古市像奥の銅銘版に大禹疏鑿と刻む.

中部＜ C-1 ＞ 山梨県富士川町の富士水碑

角倉了以による富士川開削を顕彰した碑.

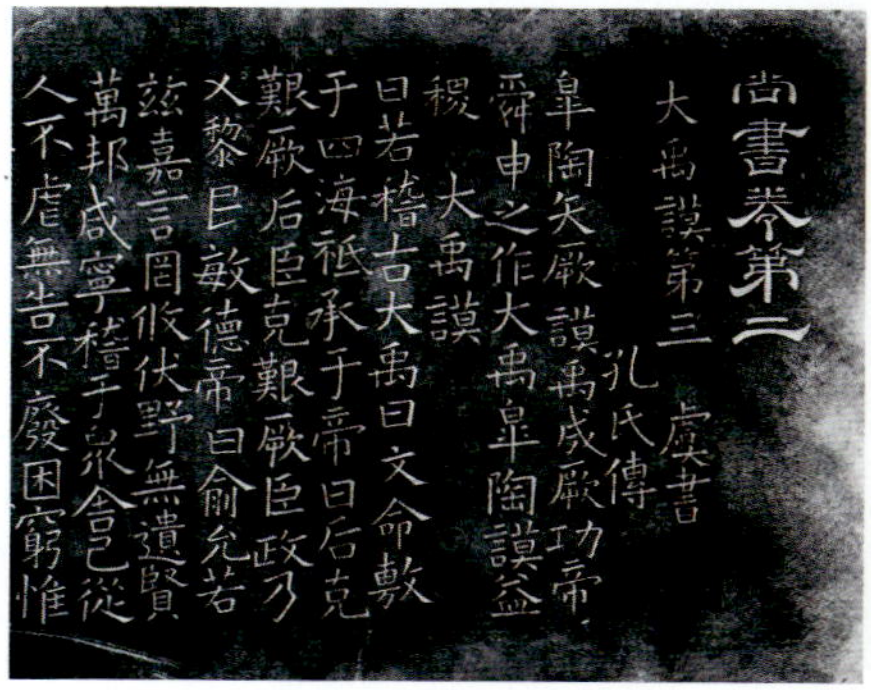

尚書巻第二
大禹謨第三　虞書
孔氏傳
皐陶矢厥謨禹成厥功帝
舜申之作大禹皐陶謨益
稷　大禹謨
曰若稽古大禹曰文命敷
于四海祗承于帝曰后克
艱厥后臣克艱厥臣政乃
乂黎民敏徳帝曰俞允若
玆嘉言罔攸伏野無遺賢
萬邦咸寧稽于衆舍己從
人不虐無告不廢困窮惟

中部＜ C-34 ＞山梨県市川三郷町 大門碑林公園の大禹謨

採拓コーナーの大禹謨板碑拓本.

中部＜ C-20 ＞ 福井県福井市の足羽宮之碑
継体天皇の没後 1300 年祭を記念した亀趺（きふ）碑.

中部＜ C-21 ＞ 岐阜県大垣市の金森吉次郎翁寿像
水害軽減のため治山治水事業に没頭した金森吉次郎顕彰の銅像.

中部＜ C-11 ＞ 岐阜県養老町の禹功門
大榑川の排水と揖斐川の逆流防止の閘門.

中部＜ C-27 ＞長野県中川村の
大聖禹王廟碑
天竜川の水害除去を祈願した禹王廟碑.

中部＜ C-10 ＞ 岐阜県海津市の大禹王尊掛軸
藩主・松平義建が下賜した掛軸を祠に祀る.

近畿＜ D-17 ＞ 京都市北区龍光院の禹門
大徳寺塔頭の庭に位置し，禹門の額を架ける．

近畿＜ D-3 ＞ 京都市西京区の黄檗光泉詩碑
嵐山大悲閣入口の対聯で，治水功如禹を刻む．

近畿＜ D-7 ＞ 大阪府高槻市の明治戊辰唐崎築堤碑
淀川の破堤修復に貢献した関義臣の顕彰碑．

近畿＜ D-4 ＞ 大阪府島本町の夏大禹聖王碑
洪水で運ばれた原石に夏大禹聖王を刻む．

近畿＜ D-2 ＞ 京都市上京区京都御所の大禹戒酒防微図
常御殿の襖6面に鶴沢探真が描いたもの．宮内庁京都事務所提供．

中国・四国＜ E-6 ＞山口県
周南市の潮音洞碑
渋川用水掘削の岩崎想左衛門
を顕彰した碑（中央上）.

中国・四国＜ E-7 ＞山口県山口市の鰐石生雲碑
明使の趙秩が詠んだ山口十境詩の一つ.
禹門点額不成龍を刻む.

中国・四国＜ E-3 ＞香川県
高松市の大禹謨
香東川を 1 本化した西嶋八兵衛
が自筆して堤防に建てた.

九州＜ F-5 ＞鹿児島県
南種子町の水天之碑
松寿院による大浦川の治水
を顕彰した六角柱碑.

九州＜ F-2 ＞大分県臼杵市の
大禹后稷合祀壇と神楽奉納
臼杵藩が災害除去と豊作を祈願して設置した
儒教式祭壇.

沖縄＜ G-9 ＞ 沖縄県那覇市の中山孔子廟碑記
久米村の孔子廟建立の記念碑.

沖縄＜ G-1 ＞沖縄県那覇市
首里城の国王頌徳碑
尚真王の顕彰碑で，現存する日本最古の禹王碑.

沖縄＜橋碑＞ 沖縄県那覇市の
重修金城橋碑文
石橋架けかえを記録する橋碑．沖縄戦による破壊残片（右）と再建碑（左）.

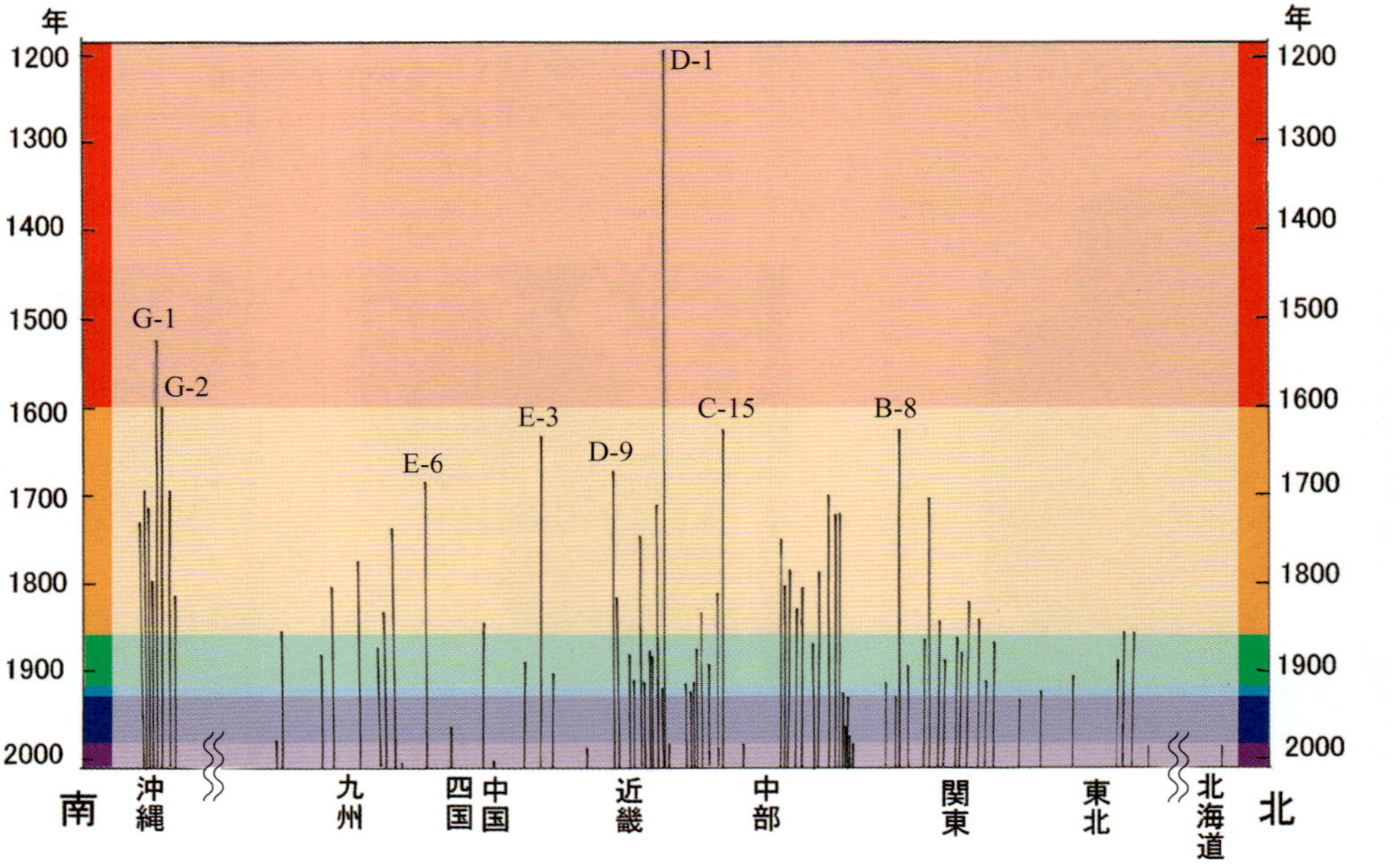

図 1　禹王遺跡の年代グラフ
縦軸は年代，横軸は日本列島の主軸に投影した南北位置．古いものに遺跡番号を記した.

禹王と治水の地域史

植村善博 ＋ 治水神・禹王研究会

古今書院

神奈川県酒匂川の文命東堤碑

「自然災害伝承碑」の地図記号

2019 年 6 月，国土地理院は「自然災害伝承碑」を新たな地形図記号に加えた．災害多発の現代において歴史災害を記録する災害伝承碑は貴重な文化遺産であり，学校や地域でこれを被害軽減や災害学習などに活用することが期待される．
本書で取り上げた多くの禹王碑は，水害警告や治水貢献者の顕彰であり，地域の災害史を伝承する貴重な災害遺産である．

本扉（前頁）写真：
京都鴨川合流点空撮（左：賀茂川，右：高野川）

History of Yu Wang and Flood Control of Japan

Yoshihiro UEMURA, and Association for the God of Flood Control
and Yu Wang Research

Kokon Shoin Ltd., Tokyo, 2019

目次

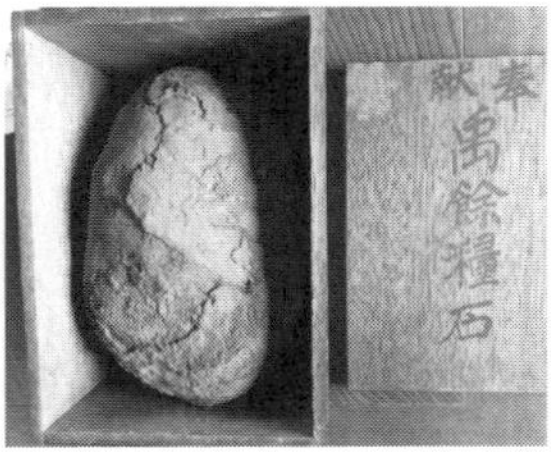
奉献
禹餘糧石

全国禹王サミット　開催履歴

第１回　神奈川県開成町　二〇一〇年一一月二七・二八日
第２回　群馬県片品村　二〇一二年一〇月二〇・二一日
第３回　香川県高松市　二〇一三年　七月六・七日
第４回　広島県広島市　二〇一四年一〇月一八・一九日
（土砂災害発生のため中止）
第５回　大分県臼杵市　二〇一五年　九月一二・一三日
第６回　山梨県富士川町　二〇一七年一〇月七・八日
第７回　岐阜県海津市　二〇一九年一〇月一九・二〇日

第５回全国禹王サミット in 臼杵
（2015 年）

第６回全国禹王サミット in 富士川
（2017 年）

第1章　禹王とは

□ 禹王とは、どのような人物か？

□ 近現代の中国において、禹王はどのように評価されてきたか？

□ 禹王は、なぜ治水神として信仰されるのか？

□ 中国における禹王祭礼は、どのように行われているのか？

□ 台湾の水仙尊王信仰とは、どのようなものか？

一　禹王伝説と夏王朝

かつて中国を禹州、禹域と呼んだように、禹は古代神話や伝説上の著名な人物である。黄河の治水に成功して人々の生活を安定させた治水の英雄、中国全土を開いて道をつけ、九州に分けた開拓の英雄として小学校の教科書にも記される存在で、治水神としても信仰されてきた（図1）。以下では尊称として「禹王《うおう》」と呼ぶ。

彼の人物や功績は『尚書大禹謨《ぼ》巻三・禹貢巻六』、司馬遷『史記夏本紀』などに述べられている。紀元前二千年頃、黄河は激しい洪水を繰り返し集落や農地を押し流す暴れ川として恐れられていた。堯《ぎょう》帝は鯀《こん》に黄河の治水を命じたが、九年たっても成果を上げられなかったため殺され

図1　大禹治水のレリーフ

禹王は鋤をもって人々の先頭にたつ治水英雄として尊崇されている．
中華人民共和国浙江省紹興市大禹陵禹跡館．

た。鯀は川を堤防で固定し高地を削って低地を埋める湮《えん》の方式をとったためだった。ついで鯀の子・禹が治水を担当、父の失敗に学び一三年間全土を巡り労苦の末に、川を通じ、放水路を掘り排水する導《どう》と疏《そ》の方式をとって成功した。黄河を治め国土を開いた禹は人徳にも優れており、舜《しゅん》帝から帝位を譲られ夏《か》王朝を開いた。このため聖人君主の模範ともされる。

夏は中国最初の中央集権国家となり、世襲により一七代の傑まで約四百年間続いた。紀元前一六〇〇年頃、殷《いん》の湯により滅亡したが、夏の政治や文化は他地域との交流と宮廷儀礼の重視により繁栄し、夏は中華の語源となり中国文化の源流と位置づけられている(1)。

夏の都がどこにあったか長い間不明であった。一九九六年から国家重点研究として河南省偃師《えんし》市の二里頭遺跡の大規模発掘調査が行われた。環濠で囲まれた都域、回廊で囲まれ巨大な広場をもつ宮殿跡、玉器や酒器（爵《しゃく》）、宝石をちりばめた龍の杖などが発見されている（図2）。これらは禹王伝説の時代に最古の王朝国家が存在し、都を建設し宮廷儀礼を行って異文化圏を統合していたことを実証した(2)。しかし、現在まで文字が発見されていないため、禹王の実在は証明できない。

図2　約4千年前，夏の遺物（二里頭遺跡）

夏王朝の宮殿があったと推定される遺跡で出土．左は当時の酒器（爵）．河南省偃師市．

（1）ＮＨＫ「中国文明の謎」取材班（二〇一二）『中夏文明の誕生―持続する中国の源流を探る』講談社。

（2）岡村秀典（二〇〇七）『夏王朝　中国文明の原像』講談社学術文庫。

二　中国における大禹信仰

史記には「夏禹の名は文命《ぶんめい》、父は鯀、姓は姒《じ》」とあり、孔子は「禹吾無間然矣」と非のうちどころがない人物と賞賛する。中国では一般に大禹と呼ばれている。

激動の二〇世紀、辛亥革命、日中や国共の戦闘、社会主義革命や文化大革命などにより、伝統的な信仰や儒教的価値観・社会観は批判された。大禹信仰も排斥され、大禹を祀る廟などは破壊されてしまった。しかし、改革開放政策がすすむ二一世紀において、「高揚大禹精神」「伝承大禹文化」のスローガンを目にするようになった（図3）。現代中国において、大禹はどのように評価されているのだろうか。そこには、どんな意味がこめられているのだろうか。

以下、露木の論考(3)を参考に次の三点に整理した。

（1）治水神および聖人君主として

古代の治水英雄、聖人君主として大禹は儒教や道教に取り入れられ、治水神や理想の帝王として信仰の対象とされた。黄河や長江流域の町や村には禹王廟や禹王宮が建てられ、強い信仰を受けてきた。山西省夏県禹王村には禹王城遺跡があり、禹王廟では毎年春秋に祭礼が行われる（図4）。黄河中流に面する明代の古都開封市は水害に苦しめられてきたが、古吹台上に禹王廟が祀られている。湖南省禹州市は名の通り禹王生誕の伝承をもち、中心部には古均台の禹王廟、郊外

(3) 露木順一（二〇一八）禹王研究の現代的意義についての一考察、「治水神・禹王研究会誌」五、一八～二四頁。

の禹山には大きな禹王像をもつ禹王廟がある。湖北省武漢には長江と漢江の合流点に晴川閣があり、禹稷《うしょく》行宮を祀る。なお、民間信仰として旅行の吉凶や病気の祈祷に足を引きずりながら歩く禹歩という儀式があることが知られる(4)。治水に没頭したため腰が曲がり、足を引きずるようになったことに由来する。

図 3 「伝承大禹文化　弘揚大禹精神」のスローガン

現代中国では「大禹」を再評価する動きがみられる．浙江省紹興市．2018 年 9 月．

図 4 禹王城遺跡とその上に建てられた禹王廟

周辺は禹都の遺跡で，青台上の禹王廟では 3 月と 9 月に祭礼を実施する．山西省夏県禹王村．2011 年 10 月．

（4）岡村秀典前掲書。

（2）勤勉な人格と科学的精神の持ち主として

大禹は治水事業のため、一三年間自宅の前を通っても一度も家に入らず仕事に没頭した勤勉な指導者であった。そして測量や水理法則の知識と技術を駆使して治水を成功させた。人民のために自己犠牲をいとわず刻苦勉励し、かつ科学的精神をもつ模範的労働者像として高く評価されている（図5）。

図5　三門峡ダムの大禹立像
ダムは1960年に完成．1992年，ダム管理局が大禹像を建立した．河南省三門峡市．

図6　黄河遊覧区の大禹像
高さ15mのコンクリート製．大禹の英雄精神と科学的手法を顕彰して1984年に建立．河南省鄭州市．

（3）中華文明の元祖および観光対象として

中国最初の国家である夏はその後興亡をくり返す多くの王朝の模範となり、文化と権力の正当性の源流となる。秦の始皇帝は大禹の墓所とされる会稽山で初めて大禹祭礼を行い、以後の多くの支配者たちも大禹祭祀を執行してきた(5)。現在では紹興市大禹陵景区として整備され、著名な観光地になっている。河南省鄭州市郊外の高台から黄河の全景を見渡す観光地・黄河遊覧区には、高さ一五メートルの巨大な大禹像が建っている(図6)。大禹の事績や足跡を記念する禹王遺跡や禹王廟などは歴史的文化資源であり、観光目的とした整備活用が進んでいる。

(5)沈建中(二〇〇五)『大禹陵志』研究出版社。

三　中国・紹興市の大禹公祭

浙江省紹興市では一九三八年以降途絶えていた大禹祭礼を一九九五年から復活させ、さらに二〇〇七年からは国家級公祭として毎年大規模に挙行している(6)。これは大禹の現代的意義を反映した祭礼といえる。夏本紀に、「禹は諸侯を江南に集め、その成績を採点したのち崩じた。亡骸をその地に埋葬し会稽と呼ぶ」と記されている。紹興市南東郊外、大禹終焉の地・会稽山の麓に大禹陵がある。

(6)呉宰・巣海笛(二〇〇九)『紹興大禹祭典』浙江撮影出版社。

筆者らは「治水神・禹王研究会」のメンバーとして、二〇一八年四月二〇日公祭大禹陵典礼に招待参加した。参列者は多数の応募から選考されたものに限られるという。儀式は石帆山頂の大禹銅像(二〇〇一年建立)を正面に祭禹広場で献花、祭文朗読、礼拝、舞踊と合唱の順に大禹に献げられた。約三〇分の大規模なセレモニーだ。ついで、享殿内の「華夏聖祖大禹之神位」に参拝して終了した。われわれ研究会の献花も認められ、大殿の大禹像の前に飾られることになった（図7）。

大禹陵には、禹王の総合博物館である禹跡館や岣嶁《こうろう》碑・禹祠・禹穴・禹井など見学すべきものが多い。このような大禹の再評価が高まるなか、総合的な「大禹学」を構築する研究活動も始まっている(7)。

四　台湾の水仙尊王信仰

明代末から清代に中国南部、福建・広東両地域からの移民によって開発された台湾では、先住民を山地へ追いやり、出身地ごとに集落を形成して農耕や貿易、商工業などに従事した。移民には福建省泉州や漳州出身者が多く、媽祖《まそ》（天妃《てんぴ》・天后《てんこう》・天上聖母とも呼ぶ）、より古い水仙尊王などの海洋神を深く信仰した(8)。水仙尊王とは大禹を中心に項羽、奡王《ごうおう》、李白、伍員《ごうん》、屈原など水死した五神を祀る禹王信仰の一様式である（図8）。

図7　大禹陵大殿の大禹像前に献花
2018年4月，「治水神・禹王研究会」は浙江省紹興市の大禹公祭に招待され，大禹像に献花した.

(7) 刘圳华主編（二〇一二）『大禹文化学概論』武汉大学出版社。周幼涛主編（二〇一二）『中国禹学第一輯』吉林大学出版社。

(8) 仇徳哉（一九八四）『台湾之寺廟と神明（二）』台湾省文献委員会。董芳苑（一九九六）『探討台湾民間信仰』学民文化出版。

南宋一一七〇年に高宗が杭州の水仙王廟に扁額を下賜したことから、合法的な廟として認められた。一三四七年に元朝は海洋・航海神として最高位に天妃、その下位に水仙尊王をおくことを決め、清代には天后の称をえている。水仙信仰は中国南部を中心に広まり、台湾海峡を渡る移住者、船員や港湾貿易業者らに強く信仰された。淡水・鹿港・新港・台南など西海岸の港町を中心に水仙宮や水仙廟が多くの信者を集めた（図9）。

図8　水仙尊王の五神位

中央が大禹像．副神として祀られている．台南市大天后宮．

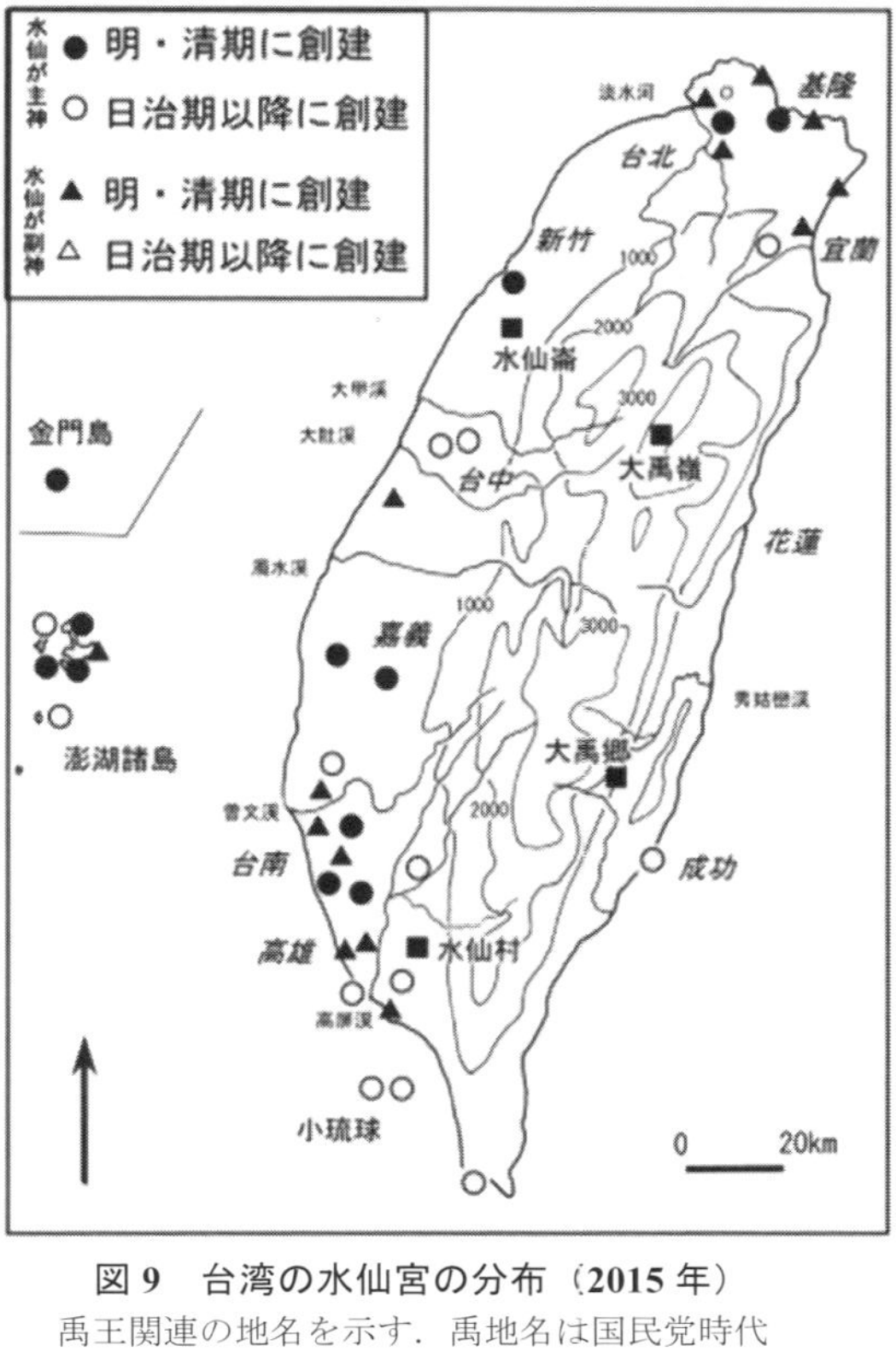

図9　台湾の水仙宮の分布（2015年）

禹王関連の地名を示す．禹地名は国民党時代に命名されたもの．

日本統治時代には、宗教弾圧による廟の破壊、対岸貿易禁止による貿易業の衰退のため水仙信仰は凋落《ちょうらく》してしまった(9)。今日、水仙尊王を祀る廟が三七件あり、そのうち大禹ら水仙を主神とする水仙宮など（図10・11）は一七件を数える（図9）。これは媽祖廟の五一四件に比べて圧倒的に少ない。しかし、澎湖諸島や小琉球、本島沿岸の漁港には絢爛たる水仙宮がそびえており、海上安全、漁獲豊漁を願う漁業従事者によって強く信仰されている（図12）(10)。また、伝統的な水仙尊王祭が旧暦一〇月一〇日に行われる(11)。

図 10　台南水仙宮の正面祭壇
台湾最古の水仙宮で 1668 年に建立.
台南市神農街水仙宮市場.

図 11　台南水仙宮の禹王像
台南市水仙宮市場.

図 12　閩南式建築の水仙宮
蒔裡漁港にそびえる水仙宮. 台湾で水仙尊王は, 漁業従事者に強く信仰されている. 澎湖島馬公市. 2012 年 8 月.

(9) 陳恵齢（二〇〇二）南台湾水仙宮探求、「台湾南部地方文化発展学術研討会」。
(10) 陳耀明（一九九五）『澎湖的廟神』澎湖縣立文化中心。
(11) 李文環・林怡君（二〇一二）『図解台湾民俗』好讀出版。

第2章　日本の禹王遺跡

□日本の禹王遺跡は、どこに、いくつあるか？
□どの地域に多く見られるのか？
□日本最古の禹王遺跡はどこにあるか？
□いつ頃、禹王信仰が各地に広まったのか？
□明治期に禹王信仰は、なぜ衰退したか？

一　禹王遺跡の特徴

禹王の像や肖像画、禹を祀る廟・祠や宮、大禹・神禹・夏禹・文命などの文字（いずれも禹王の別称）を刻んだ石碑や墓碑を「禹王遺跡」と呼ぶ（図1）。二〇一九年三月末現在、北海道から沖縄まで一三三件が認定されている(口絵1の全国分布図および巻末の遺跡一覧を参照)。また、禹父山や禹余糧山・禹ノ瀬などの地名、文書中の禹文字遺物なども知られている。

『古事記』（七一二年）に夏文命、『三教指帰』（七九七年）に禹王の記述があるように、古代から中国文化の一要素として受容され、日中の交流を通じて日本文化や地域に大きな影響を与えてきた(1)。禹王遺跡の存在を最初に指摘したのは藪田(2)であり、瀧川の報告(3)以後研究者により注目されるようになる(4)。そして二〇一三年の『治水神禹王をたずねる旅』により、日本の禹王遺跡の集大成を行った(5)。

次に、日本の禹王遺跡の特徴について考えてみよう。

（1）分布

関東三八件、中部三四件、近畿一七件、沖縄一三件、四国中国一三件、九州一一件、北海道・東北六件と地域的な偏在が明瞭である。すなわち、関東（二九％）・中部（二六％）・近畿（一三％）で約七割を占め、とくに利根川、酒匂《さかわ》川、揖斐《いび》川、淀川の流域に密に分布する（図2）。これら

(1) 王敏（二〇一四）『禹王と日本人―「治水神」がつなぐ東アジア』NHKブックス。
(2) 藪田嘉一郎（一九三一）禹王廟考、「史跡と美術」一〇、二九～三五頁。
(3) 瀧川政次郎（一九八〇）わが国にある禹王廟、「土車」一三、三頁。同（一八九二）酒匂川畔の禹王廟、「土車」一七、三～四頁。
(4) 瀬田勝哉（一九九四）失われた五条中島、『洛中洛外の群集』平凡社、二八～六三頁。山田邦和（二〇〇〇）鴨川の治水神、「花園大学文学部研究紀要」三二、五三～八六頁。木下晴一（二〇〇六）江戸時代初めの香東川治水工事（1）―「大禹謨」碑を中心に―、「香川地理学会会報」二六、三五～四四頁。大邑潤三（二〇一八）日本の禹王遺跡の分類と立地分析、「地理」六三―一一（特集：日本の禹王遺跡と治水神信仰）、四四～五一頁。

の河川は古くから開発が進み、かつ水害常襲地域をもち改修事業が繰り返し実施されてきたという共通点をもつ。また、遺跡の約六割が河岸や堤防付近に置かれ、次いで神社や寺、墓地にみられるものが多い。

（２）建立の目的

明治前とそれ以後に分けて、目的別に件数をみてみよう。①「治水祈願」は明治前が二一件、明治以降が〇件。②「治水事業」は明治前が一三件、明治以降が二〇件。③「個人顕彰」明治前が二一件、明治以降が一九件、④「シンボル」目的は明治前が三件、明治以降が二三件、⑤「儒教」は明治前が五件、明治以降が〇件であった。

「個人顕彰」（全体の三二％）と「治

（５）大脇良夫・植村善博編（二〇一三）『治水神禹王をたずねる旅』人文書院。

図１　鬼怒川大道泉の禹廟

日本最小の禹王遺跡．高さ 48cm，幅 23cm の砂岩製．栃木県真岡市．

図２　日本の禹王遺跡分布図（2018 年）

江戸期以前，明治～第二次世界大戦前，大戦後に分類した．

水事業」（同二七％）とで全体の六割を占め、「シンボル」（二〇％）、「治水祈願」（一七％）、「儒教」（四％）の順となる。

　近世から近現代を通じて、治水や用排水、土地開発など地域貢献者の顕彰、河川改修や土地開発の事業記念に関わるものが多い。明治以降の近代化による建立目的の変化もみられる。すなわち、近世で重視された①の「治水祈願」の信仰は、明治以後の近代的事業によって消滅し、代わって④の禹王の事績や地域のシンボルとして利用する例が増加してくる（図3）。

　時代による変遷はあるものの、基本的には、河川と治水、農耕と土地開発を通じて禹王が治水神として信仰され、尊敬されてきたことが明瞭だ。日本は、治水神・禹王文化圏としてまとめられ、日本の災害風土に適合したものとして禹王が受容されたといえよう。

　ところで、沖縄では琉球王国期の石碑一三件に禹王とその事績が刻まれている。そのうち八件が橋碑で、二件は国王顕彰（図4）、三件が孔子廟や国学碑である。これらは国王の恩恵や王府の権威のために、禹王を修辞的に利用したものが大部分を占める。地域住民に治水神・禹王信仰はみられない(6)。

図3　禹王の名をつけた清酒

左：群馬県片品村の「禹王」,
右：高松市の「大禹謨」.

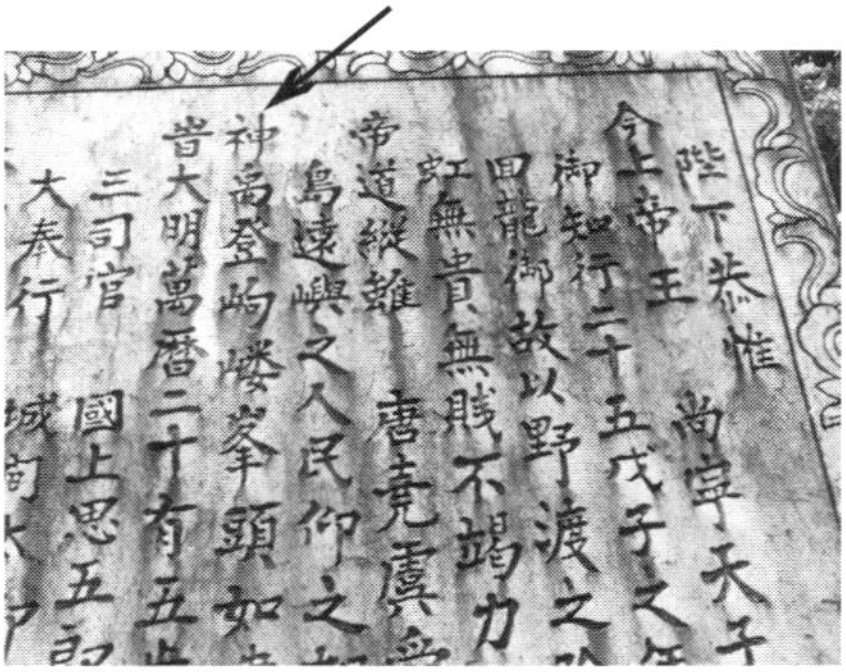

図4　沖縄の浦添城の前の碑

碑文に「神禹登岣嶁峯頭」（矢印）と記す. 1597年建立, 沖縄県浦添市.

(6)植村善博(二〇一七)沖縄の禹王遺跡とその歴史的意義、「鷹陵史学」四三、一～一八頁。

二　遺跡の成立年代

禹王遺跡の成立過程を日本列島の南北軸に投影したグラフを図5から考えてみよう。

（1）始まりは京都

最古の禹王廟は、京都鴨川五条に治水祈願として建立された。伝承によれば鎌倉時代一二二八（安貞元）年、同時代史料では室町時代の一四八八（長享二）年である。その後、江戸初期まで数百年間の遺跡断絶期が存在する。この間に、禹王信仰が京都以外の地に拡大、伝播することはなかった。

（2）江戸初期：儒教による普及

徳川幕府の治世が安定した一六三〇年代以降、全国的に遺跡が出現するようになる。将軍綱吉や吉宗、儒官の林家や荻生《おぎゅう》徂徠《そらい》らにより忠孝や礼儀を重視す

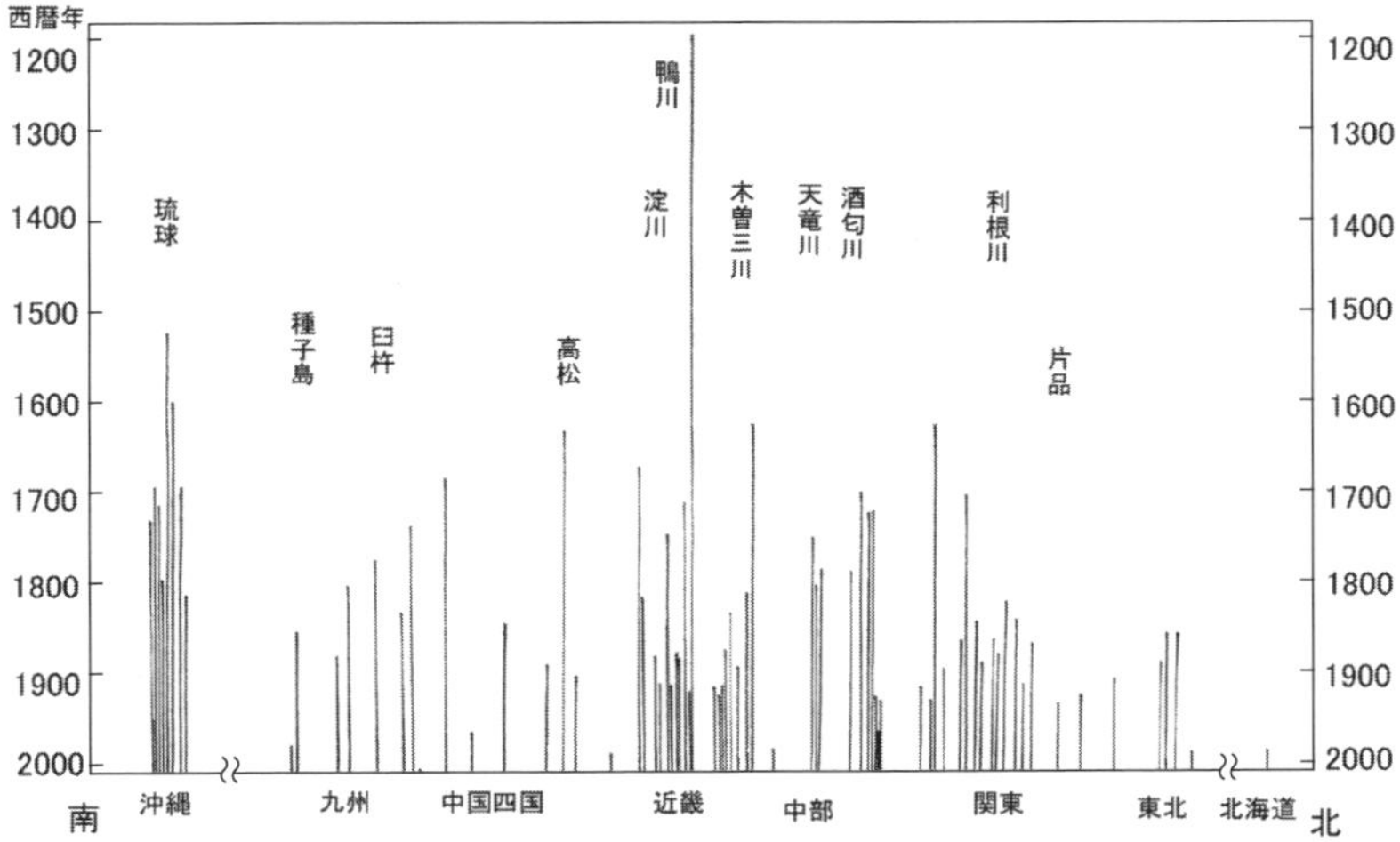

図5　禹王遺跡の年代グラフ
縦軸は年代, 横軸は日本列島の主軸に投影した南北位置. 口絵8のカラー図も参照.

る儒教が幕府の文治政策の中心に採用され、四書五経が教養として必読書となった(7)。禹王の名は善政君主、治水英雄として周知されるようになる。

禹王信仰の地域への受容をみると、①幕府（酒匂《さかわ》川）や藩主（高須《たかす》藩・臼杵《うすき》藩）の方針によるもの、②住民の自主的な信仰（島本町・加美町）によるもの、③事業や地域貢献者に対する顕彰碑や記念碑、墓碑などに引用した例（芳賀町・天竜川・淀川）などがある。

近世のものでは一六二九（寛永六）年の「禹金像」（図6）と一六三二年の「大禹肖像画」（図7）が最も古く、両者は尾張徳川家初代藩主義直による儒教崇拝の産物である。一六三七（寛永一四）年に西嶋八兵衛が讃岐の香東《こうとう》川に建てた「大禹謨《ぼ》碑」、さらに延宝年間（一六七三～一六八一年）の「島道悦墓碑」と「潮音洞碑」がつづく。

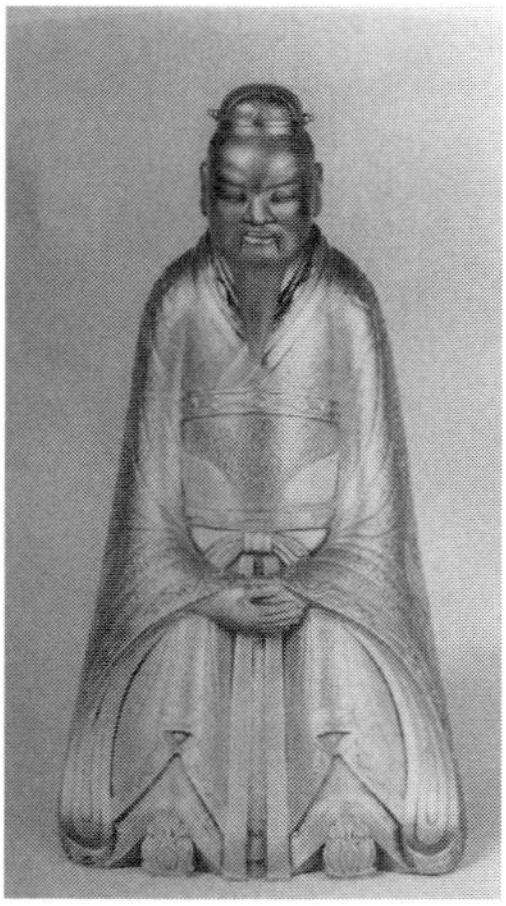

図6　名古屋城孔子廟の禹金像
1629年の現存する最古の禹王像．山本(1996) より．

(3) 江戸中期：災害多発の時代

宝永期（一七〇四～一七一一年）に登場する元荒川の「文命《ぶんめい》聖廟」(8)と御所の「大禹戒酒防微図」は、徳川政権の儒教重視の反映とみなせる。災害対応による禹王遺跡の建立は、享保～宝暦期（一七〇〇～一七五〇年代）に集中期がみられる。淀川の「夏大禹聖王碑」、酒匂川の「文

(7) 森和也（二〇一六）『神道・儒教・仏教』ちくま新書。

(8) 文命とは、禹王の名。詳細は第三章三の酒匂川参照。

命宮」や「文命堤碑」に関わるもの、臼杵藩の「大禹后稷合祀壇」とその関連碑、天竜川の惣兵衛や理兵衛の築堤工事に関わるものなどがある。

宝永期には、一七〇七（宝永四）年一〇月に宝永大地震、同年一一月に富士山大噴火、翌年に京都大火、さらに夏～秋季に東日本で冷害・西日本で洪水・疫病の頻発などが続いた。さらにその後の享保飢饉から天明飢饉に至る約半世紀間は、まさに驚天動地の災害多発期だった。これら災害や飢饉に対して、治水事業の実施、災害除去や五穀豊穣の祈願のため祭壇や神禹祠、禹王碑が多数建てられた。これらは災害遺産として時代の証人であり、災害警告の記念物でもある。

図 7　歴聖大儒像中の大禹肖像
狩野山楽が 1632 年に描く．
東京国立博物館蔵．

（4）江戸後期：顕彰碑の登場

一七九〇年代（寛政期以降）から幕末までの七〇年間は、禹王遺跡の約六割が全国的に建立された時代である。この時期の禹王遺跡は、治水や土地開発貢献者への顕彰や事業完成の記念碑が多数を占める。

（5）明治期以降：禹王信仰の衰退

明治に入ると、近代治水工事の進行により伝統的技法や治水信仰は軽視され、廃仏毀釈《はいぶつきしゃく》や国家神道化により、外来神の禹王信仰は無視される。日清戦争以後は中国軽視の風潮が強まるなかで聖人君主・治水神としての禹王は色あせ、日本人から忘れ去られていった。

しかし、長年にわたり水と共存し闘ってきた酒匂川流域（神奈川県）、海津《かいづ》市（岐阜県）、島本町（大阪府）、臼杵市（大分県）などで、禹王信仰と祭礼が今日まで継続されていることは注目される。

平成においても五件の禹王遺跡が新たに登場した（図8）。そのうち三件は山梨県の大門碑林公園にある(9)。次章では、これら各地域の事例を詳しくみていこう。

図8　姫路市魚吹八幡社山車の禹帝
屋台露盤の測量器を持つ禹王．姫路市網干区．2009年に新調した．

（9）大門碑林公園は、山梨県市川大門町が古代中国の書の名碑一五点を複製し一九九四年に開園した。採拓コーナーでは実際に拓本をとることができる。

第3章　禹王と治水信仰

□京都鴨川になぜ治水信仰があるのか？

□禹王祭礼は、何のために、どのように行われているのか？

□酒匂川流域の中学校名に、文命（禹王の名）がつけられたのはなぜか？

□富士山噴火と禹王信仰とは、どのような関係があるのか？

□大分県臼杵市の禹王遺跡が伝える、世界的な天変地異とは？

□日本で最も色濃く禹王信仰が残る地域はどこか？

一　京都鴨川の「夏禹廟」—日本最古の禹王遺跡

（1）鴨川の治水と「夏禹廟」

最古の禹王遺跡は京都鴨川にある。禹王を治水神として最初に受け入れたのは京都人であった。場所は五条橋中島、現在の東山区松原橋東詰付近に位置する（図1）。

『雍州府志』「神社門上」禹王廟によると、一二二八（安貞二）年の洪水後に鴨川の治水を命じられた勢多判官為兼が、忽然と来た異僧から「鴨川南に禹廟《うびょう》、北に弁財天社を建て祀れ」と示唆され、これらを祀ったところ洪水は鎮静したという。この禹廟は現存せず、近世初期には亡失していた。「上杉本洛中洛外図屏風」（図2）によると、鴨川に架かる旧五条橋は大黒堂や法城寺、晴明塚のある中島によって東西の橋に分れていた。橋東は六道《ろくどう》の辻から鳥辺野《とりべの》葬送地、清水寺観音がひろがる生と死の聖地であり、鴨川は西岸の市中俗世間との境界を意味した。また、清水坂付近は宗教活動や下級陰陽師、賎業従事者ら被差別民の集住地でもあった(1)。

図1　鴨川左岸，旧五条橋があった場所

現在の京都市東山区松原橋東詰付近．豊臣秀吉により下流に五条橋が架けられた．この付近に禹王廟，法城寺，晴明塚などがあった．

(1) 部落問題研究所編（一九八七）『京都の部落問題1　前近代京都の部落史』部落問題研究所出版部。

一三世紀初頭、鴨川畔に洪水鎮静と治水祈願のために「禹王廟」が建てられたというのである。

文献の信憑性について検討してみよう。『雍州府志』（一六八六・貞享三年）は一七世紀後半頃の知識や伝聞を編集したもので、中世の直接的証拠にはならない。しかし、『相国寺《しょうこくじ》蔭涼軒《いんりょうけん》日録』には一四八八（長享二）年八月一一日と同二一日の条に、夏禹廟に関する夜話を二回も記す。後藤佐渡守の話「わが先祖が六波羅の命により綴《つづれ》法師なる悪人を捕らえ河原者に処刑させたところ、河原者に祟《たた》ったことから怨霊払いの廟を築いた。近頃、この五条橋下の社を夏禹廟と呼んでいるが、事実は燕丹之社というのが正しい」云々である。この記述からは、一五世紀後期、五条河原に市中の話題になる「夏禹廟」が存在した。その発祥に河原者など被差別者との関わりをもつことが推定される。

図 2　上杉本洛中洛外図の鴨川と旧五条橋
中央の中島に大黒堂や法城寺, 晴明塚があった.
狩野永徳により 1565 年頃完成.

五条中島は法城寺や晴明塚など安倍晴明による治水伝説と陰陽師の聖地であり（2）、鴨川洪水によって水害を受けやすい地域でもある。これらから、一三世紀の大洪水後に治水担当者が、公

（2）瀬田勝哉（一九九四）失われた五条中島、『洛中洛外の群像』平凡社、二八～六三頁。

認されていない禹王を祀った可能性がある。為兼の存在は確定できないが、勢多の家系は儒教に通じた中原氏の家系につながる点に留意すべきだろう。

一五世紀後期に水害常襲地にすむ河岸の賎民らによって、禹王が治水神として信仰されたことは確実だろう。他方、一六世紀末まで京都鴨川以外の地に禹王信仰が広まった証拠は確認されていない。

（2）新興開発地・河東地区の禹王信仰

一五九二（天正二〇）年以降、豊臣秀吉による京都の都市改造および陰陽師らへの弾圧と強制移住により、禹王信仰は断絶した。一方、山田[3]は、禹王信仰が近世を通して存続していたと主張する。この点を追究してみよう[4]。

『雍州府志』は、「禹王廟」とセットで北方にインド起源の水神・弁財天を祀ったと述べる。『山州名跡志』（一七一一・正徳元年）は「白川に架かる大和橋北に社があった」とする。四条大和大路北には弁財天町が現存し、鴨川に合流する手前に弁財天社と地蔵堂が祀られている（図3）。ここは祇園社領賀茂河原の賎民居住地であり、一六七〇年の寛文築堤により新開地となってから遊興空間として発展していく[5]。

治水祈願として、外来の禹王と弁財天が同時に祀られたことは興味深い。一方、四条大和大路東に地蔵菩薩を祀る仲源寺がある。一五八四（天正一二）年に四条橋北東から移った本寺は、治水祈

(3)山田邦和(二〇〇〇)鴨川の治水神、「花園大学文学部研究紀要」三二、五三〜八六頁。

(4)植村善博(二〇一七)災害文化遺産としての禹王遺跡と京都の治水神・禹王信仰、「歴史都市防災論文集」一一、四六〜五一頁。谷端郷(二〇一八)京都鴨川の禹王伝説、「地理」六三—一一(特集：日本の禹王遺跡と治水神信仰)、一四〜一九頁。

(5)吉越昭久(二〇一二)京都・鴨川の堤防建設にみる近世の治水観、『京都の歴史災害』思文閣出版、六四〜七四頁。

願として後堀川院より寺名を賜ったという。為兼に禹王廟を祀れと示唆した僧が入ったとされる寺で、地蔵はこの僧のなり代わりであるともいう。『京町鑑』（一七六二・宝暦一二年）では「地蔵は定朝の作にて地中から掘り出されたもので、目に土砂入りて目をやみたるごとく見えるにより「目やみ地蔵」とよび、眼病平癒に霊験あり」という（図４）。『扁額軌範』（一八一九〜一八二一・文政二〜四年）はこの地蔵が禹王の像であるとする。

一方、寺町上立売の仏陀寺「地蔵菩薩縁起」（一五〇五・永正二年）は、「後堀川院の院宣により鴨川治水を命じられた為兼に禹王を勧進せよと申した僧は一条烏丸の仏陀寺に入った」と記す(6)。仲源寺の伝承より約二百年も古い一六世紀初頭に為兼と「禹王

図 3　鴨川と白川合流点の弁財天社
大和大路の町名に弁財天町が現存する．

図 4　仲源寺の目やみ地蔵
禹王の後身で，雨やみ地蔵の転化との伝承をもつ．東山区祇園町．

（６）岩瀬文庫「仏陀寺王城地祭地蔵菩薩縁起」。

廟」の伝承が存在していた。仲源寺の西隣、南座と向きあって神明社（伊勢大神宮）があった。『山城名跡巡行志』（一七五四・宝暦四年）によれば、「この付近に住む大鯉を殺したところ祟りがでたため、これを祀って魚社と呼んだ。これが「禹王社」と呼ばれるようになり、洪水の難をさけるための治水神信仰に変わった」という。古代黄河の水神は魚蛇であり、鯉が龍門（禹門）の急流を登りきると龍になるという故事は有名である。ここに鯉と禹王を同一視する水神信仰が反映している(7)。この社は現存しない。

　以上の検討から、近世には鴨川東岸の四条〜五条間に禹王信仰に関わる伝承と寺社、廟が集中する（図5）。それらは出現しては消え、姿を変えて復活する移ろいや

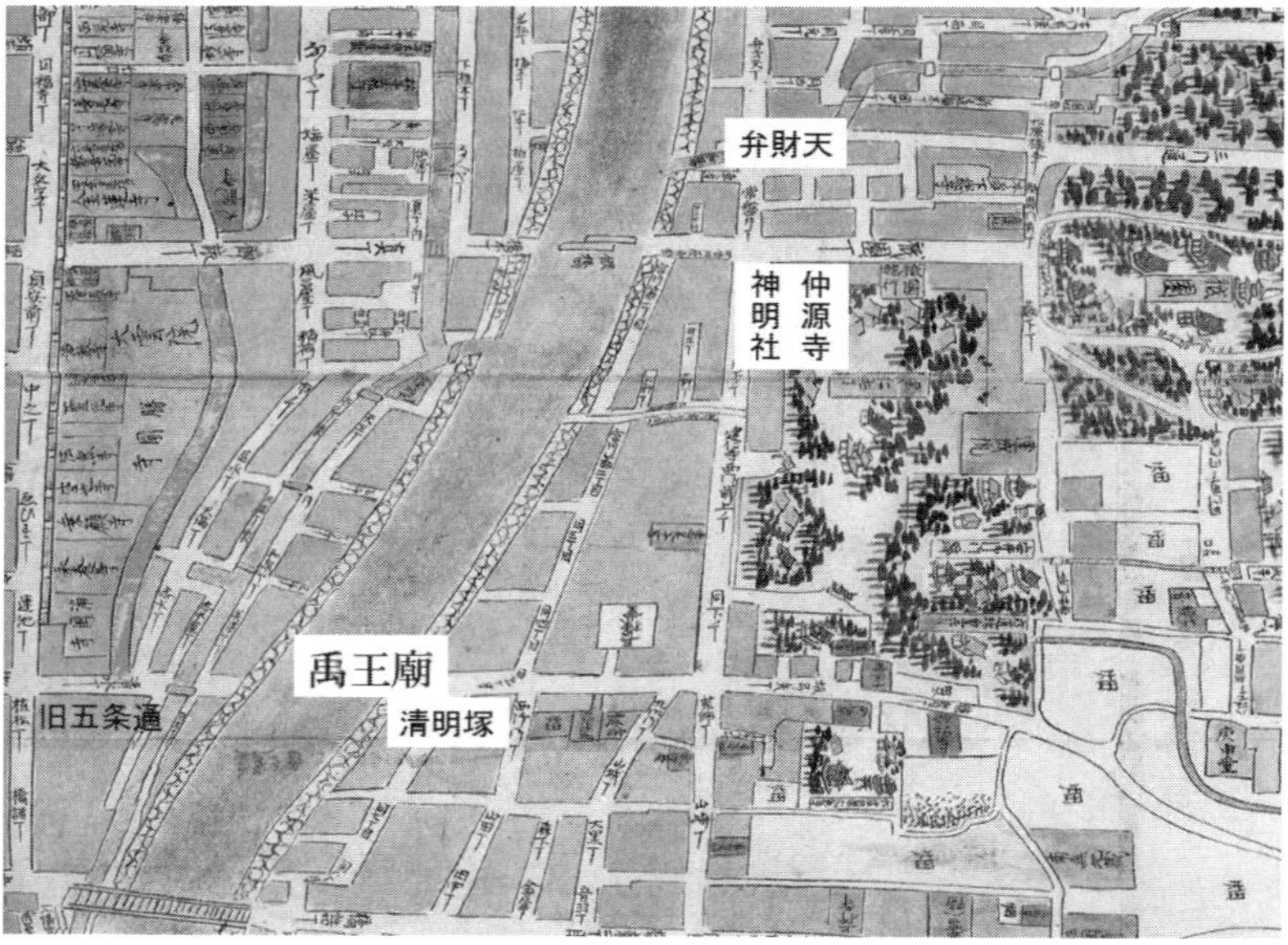

図5　鴨川左岸，四条〜五条間の禹王関連遺跡
1710年頃の「京都明細大絵図」に加筆．

(7)「祇園社記第一五」には応仁の乱前のほこの次第にれうもんの滝山が記される。これは現在の鯉山に引きつがれるものだが、一五世紀後期に黄河の急流と治水に関わる山が巡行していた。これには鴨川の治水祈願がこめられていた可能性がある。

すい存在である点に特徴がある。核心は五条中島の「夏禹廟」から引き継がれる信仰であるが、秀吉の都市政策により廟と信者らは廃絶させられた。その後、河原を開いた遊興地域に禹王は水難除去の神として仲源寺や神明社に受け継がれていく。そして、寛文新堤後の祇園や宮川町など新興の花柳界の住民らによる水神信仰として維持されていった。

京都の禹王信仰は、①鴨川東岸地域は近世前まで水害常襲の鴨河原であり、祇園社や清水寺などの聖域でもあった、②四条から五条にかけての地区は河原者、雑業や賎民ら貧困層の集住地であり、後に遊興地として発展した複雑な背景をもつ、③禹王信仰は水害の発生後に高まり時とともに衰えていき、必要に応じて再び発現するような、不安定だが地域住民の深層に根ざしたものであったと推定される。

二　大阪府島本町高浜の「夏大禹聖王碑」——淀川の水害常襲地に建つ

（1）淀川河岸の高浜

淀川は京都南部の淀付近で桂・宇治・木津《きづ》の三川《さんせん》を集め、男山と天王山の山崎狭隘《きょうあい》部（1）を通り抜けて一気に大阪平野に流れ込んでいく。右岸の堤防に接する島本町高浜は水衝部《すいしょうぶ》（2）に位置し、上流で水無瀬川が淀川に合流するため洪水が多発し、水害常襲地の宿命を背負ってきた（図1）。

（1）狭隘部とは川幅が狭い地形のこと。ここは北に天王山、南に男山がせまる。

（2）水衝部とは、河川が増水した際、護岸や堤防に水が強くあたる部分で、破堤が生じやすい。

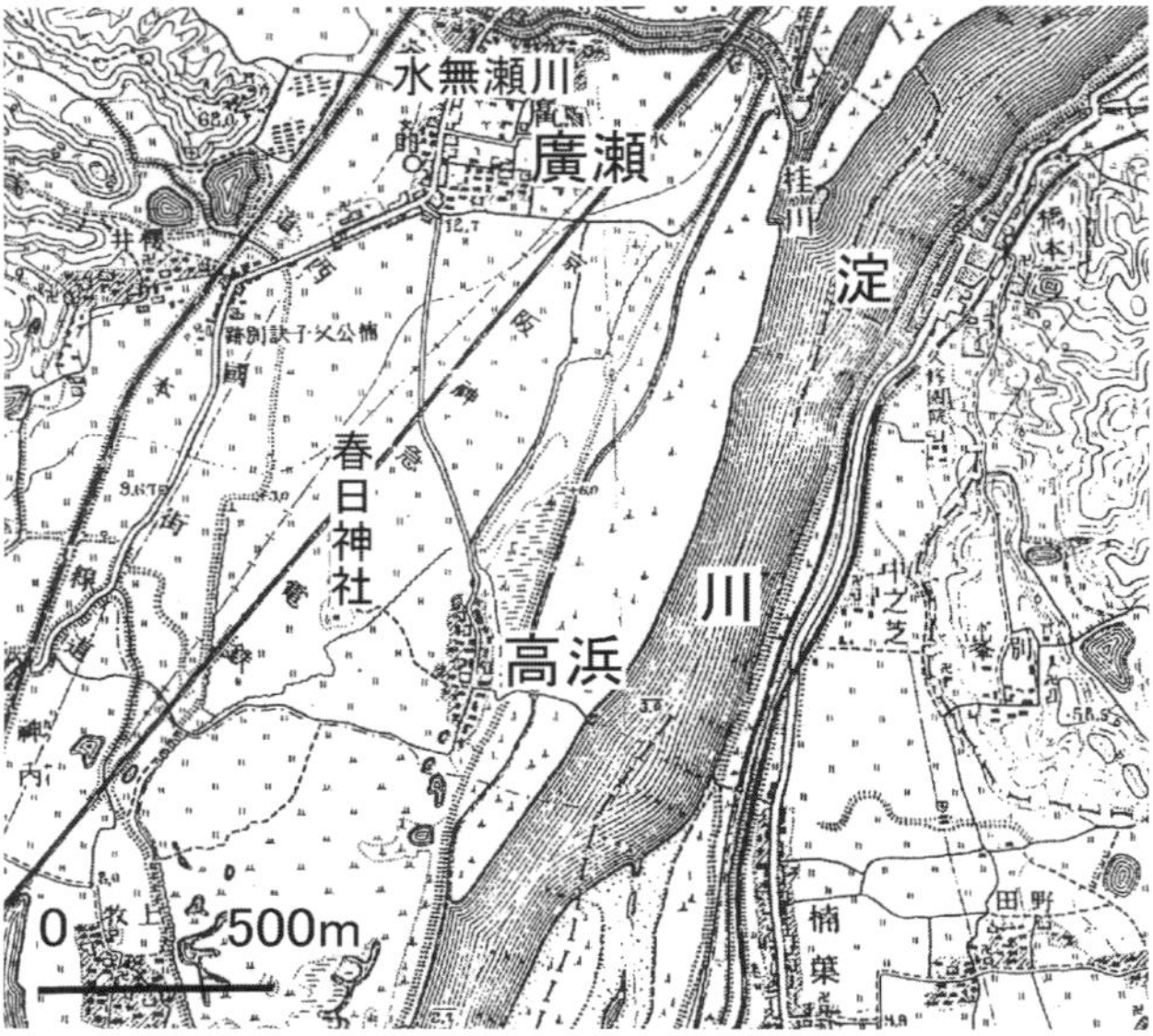

図 1　大阪府三島郡高浜周辺の地形図
淀川右岸に面する水害常襲地であった．2.5 万分 1 地形図「淀」大正 11 年測図に加筆．

一方、対岸楠葉へ「高浜の渡し」が公許され、淀川堤防の管理や過書船、朝鮮通信使、琉球慶賀使の通過時の綱引人足などの義務を負っていた。水災頻発のうえに、義務も負っていたためか、

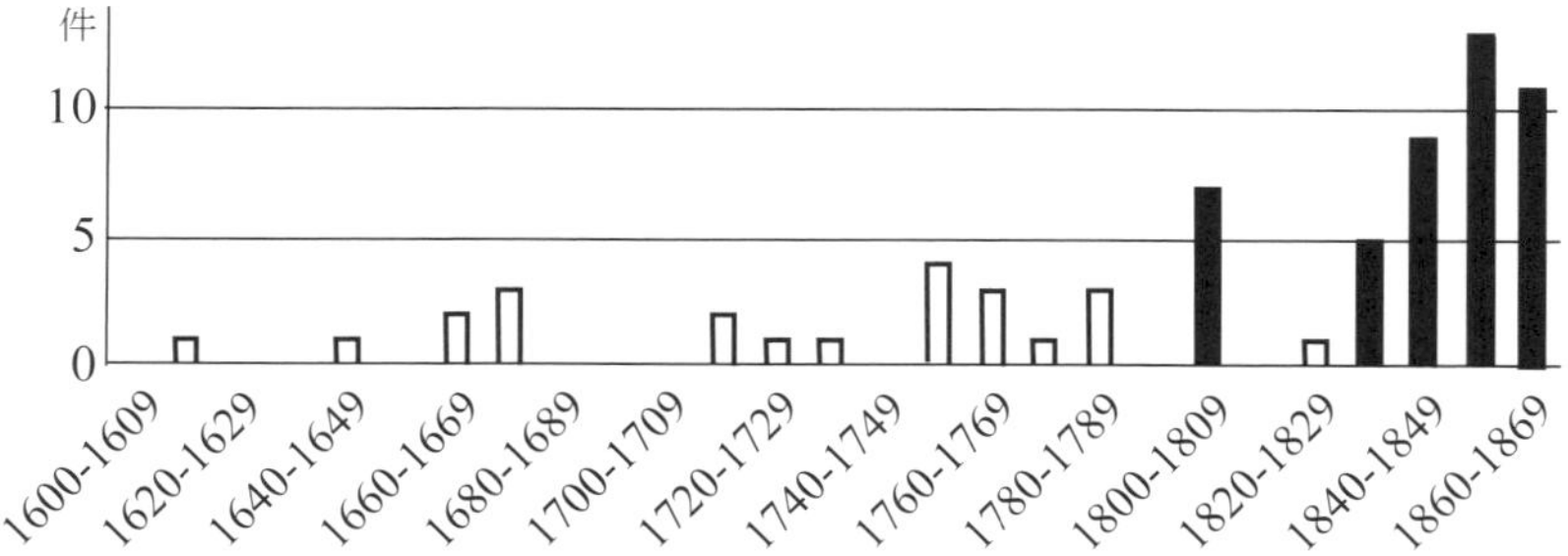

図 2　江戸期の高浜村における 10 年ごとの洪水頻度
西田家文書目録より作成．黒塗りは 5 回を超えた期間．

一六九〇（元禄三）年に五九戸・二九三人だった村は、一八六九（明治二）年には四五戸・二一四人と減少を示しており、高浜の生活は不安定であったことが暗示される(3)。土地は堤内の田地と堤外《ていがい》(4)の流作畑からなり、集落は淀川堤防に接して列状にならぶ。西田家は三七〇石の旗本鈴木家知行地を管理してきた大庄屋で、風格ある落ち着いた長屋門の屋敷はきわだっている。

一六〇〇〜一八六九（慶長五〜明治二）年間の一〇年ごとの洪水発生頻度を図2に示す。二七〇年間に六七回の洪水が記録され、その七割が一八〇一（享和元）年以後の七〇年間に集中する。とくに一八三〇（天保元）年以後に三八回と激しさを増している。その理由は、幕府の河川管理力の低下や農民の生活疲弊と水防への努力減退が考えられ、これに大型台風の襲来が拍車をかけたことが推定される。

（2）夏大禹聖王碑と村の信仰

村の鎮守・春日神社は集落の西三〇〇メートルの森のなかにある。現在は周囲を新興住宅に囲まれている。本殿は、周囲より約二メートル高い盛土の上に置かれており、洪水への備えが読み取れる（図3）。元は由伎宮《ゆきみや》として壱伎眞根子《いきのまねこ》を祀り、その後、武内神社と称し武内宿禰《たけのうちのすくね》を祭神とした。山崎の離宮八幡の摂社で、現在は春日・武内両大明神を祀る。

拝殿の右側に高さ約七〇センチメートルの自然石の碑が二つ並んで置かれている（図4）。向

（3）関西大学図書館（一九七九）『摂津国嶋上郡高浜村西田家文書目録』西田家より関西大学に寄託された村方文書で、淀川との関わりを知る絶好の史料である。

（4）堤外地は、堤防に守られていない河川敷であり、増水時には洪水被害を受けやすい。

図3　高浜の春日神社
中央の拝殿右側に禹王碑と地神碑を配置する．

図4　夏大禹聖王碑（左）と南無堅牢地神碑（右）
砂岩の自然石で，ともに梵字のアを刻む．

図5　「ジンジンサン」の地神祭
盛砂に御幣を立て，鏡餅と神酒を献納する．2018年2月15日．

かって右は「南無堅牢地神」、左は「夏大禹聖王」と刻み、両者とも頂部に梵字のアをもつ。前者は仏教の大地の守護神、収穫豊穣をもたらす農耕神として広く信仰されてきた(5)。後者は、治水神として夏大禹を祀り水害除去を祈ったものだ。

地元では二碑を一緒にジンジンサンと呼んでおり、毎年二月一五日に地神祭（図5）を執行している。この素朴な二つの石碑と連綿と引き継がれている地神祭から、高浜村民の水害除去と農耕豊作への強い願望がひしひし伝わってくる。

この二碑に対面して、「百助大明神」と「百貫明神」と刻んだ丸い河原石が配置されているの

(5)奥村寛純(一九九二)武内神社の地神碑、「水無瀬野」一五、一五三～一五八頁。

もおもしろい。神社の神主をつとめた木村嘉伸氏を訪問し、二〇年前の地神祭の様子を写真と聞き取りから確認できた。前日に斉竹を立て注連縄《しめなわ》をめぐらして二碑の神域を清め、淀川の砂でつくった神山に御幣を突き刺す。二重の鏡餅と御神酒を献上し、後に餅は切り分けて村の全戸に配布する。以前は盛砂を碑の前にまいて地堅めしたという。また、薬師堂には淀川大洪水で流れついたという如来像を祀る。

これらの祭事は、洪水の危険と隣り合わせに生活する高浜の村人の、切実な祈願を反映したものである。

(3)「禹王碑」の由来と変遷

木村家の家譜によると、第二六代木村道信のとき、一七一七(享保二)年に水無瀬川が大氾濫し、淀川国役堤も切れて当村外島の畑地は流損して土礫が堆積した。翌年には廣瀬村と協力して水無瀬川を付け替え、さらに翌年にやっと外島の砂礫排除作業を始めた(6)。その際、道信は洪水によって運びこまれた二個の巨岩に神力を感じ、「南無堅牢地神」と「夏大禹聖王」の神名を刻んだ。そして、高浜・広瀬両村境の自地に祠を建て安置したという。

その後、村人らはこれを崇拝するようになり、水難消去と五穀豊穣を祈願する地神信仰がうまれた。近世後期の村絵図には堤外の流作畑に地神芝と記され、信仰のランドマークとして認知されていた(図6)。治水神禹王を厚く信仰した道信は一七四五(延享二)年に六五歳で逝去し、法

(6) 奥村寛純編(一九八五)『廣瀬村明細鑑記録』。

名は治水道笑禅定門《ぜんじょうもん》という。その心意気はあっぱれというべきであろう。

（4）今も祭礼が続く

村の景観や水との関係を根本的に変えたのが、一八九七（明治三〇）年から開始された淀川改良工事である。買収した堤外地を浚渫し、河道を拡張するとともに新堤防を築造したのであった。工事に伴い、「南無堅牢地神」と「夏大禹聖王」の二碑は薬師堂前へ移され、一九二四（大正一三）年に春日神社境内に安置されて現代に至る。

祭礼は伝統的に毎年二月一五日と決まっている。旧暦二月一五日頃は農作業の開始期にあたり、村全体で水害除去と豊作を祈願して祭礼を執り行ってきたのであろう。今では高浜集落の五班が持ち回りで執行しているが、勤め人が多いため早朝に済ませてしまうこともある。堤外地がゴルフ場に変わって川砂が採取できなくなり、祭礼の際の盛砂は購入しているという。しかし、祭礼に関する手引書が作られ(7)、祭具とともに班ごとに毎年引き継がれている点はすばらしい。

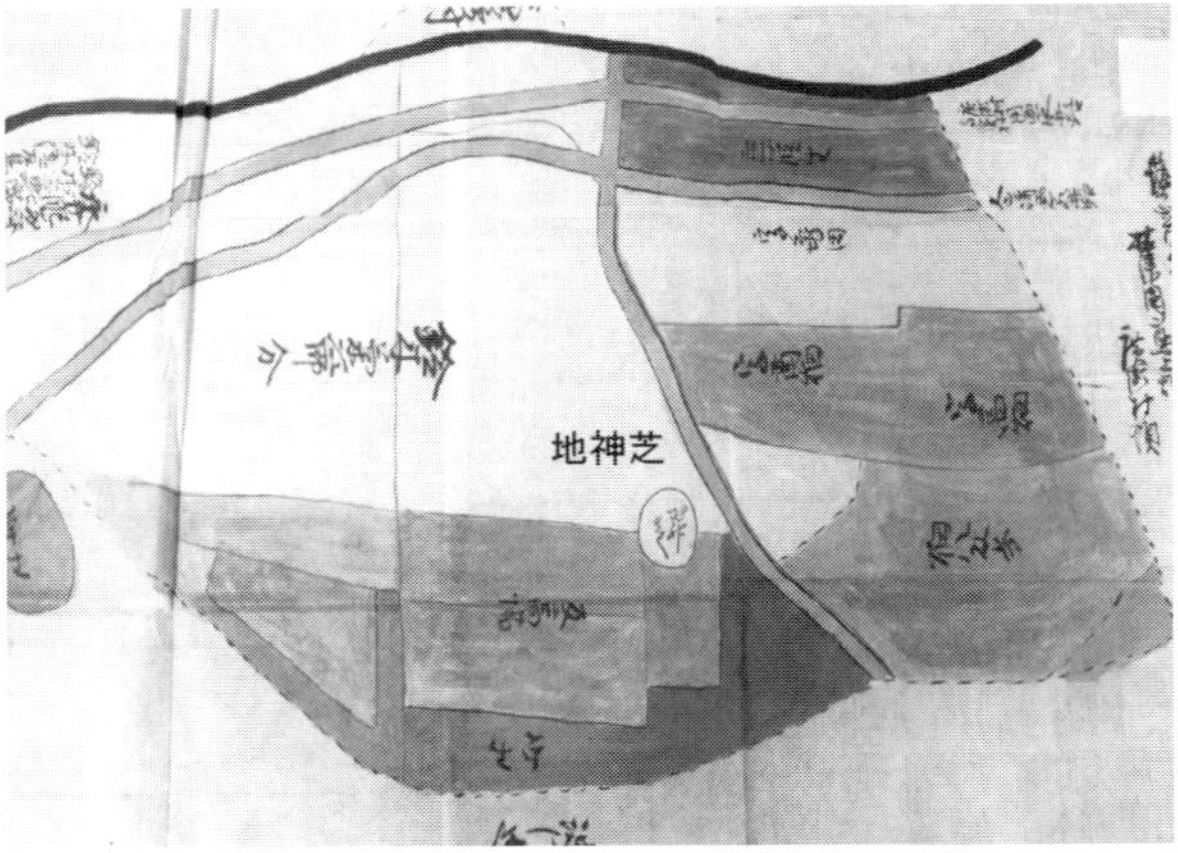

図 6　幕末期の高浜村外島絵図
中央の「地神芝」（筆者加筆）に禹王碑を祀った．
上の黒線は淀川の国役堤．関西大学図書館蔵．

（7）『高浜武内神社神事仕法書綴』。

三　神奈川県酒匂川の「文命文化」——富士山宝永噴火による災害との苦闘

（1）酒匂川の治水

天下の嶮と称される箱根火山の東側に、新興住宅地と農地が入り混じる足柄《あしがら》平野がひらける。そこを流れる酒匂《さかわ》川は富士山東麓の鮎沢川や丹沢山地の河内川を源流にもち、山北《やまきた》町と南足柄市を結ぶ大口橋付近を谷口として下流側に扇状地性(1)の足柄平野を形成する（図1）。小田原で相模灘に流れ込むが、長さ四二キロメートル・面積五八二平方キロメートルの二級河川であり、暴れ川として語りつがれてきた。

酒匂川中下流域の足柄平野は、江戸時代に小田原藩領であった。初代藩主・大久保忠隣《ただちか》は、文禄〜慶長期に乱流して流路の定まらない酒匂川を大改修し、一本の河道に統合した。そして、治水の要《かなめ》として春日森・岩流瀬《がらせ》・大口の三土手（堤）を築造した。まず急流を春日森土手に誘導し山北町の段丘崖に向けさせ、つぎに岩流瀬土手で千貫岩にあて水勢を弱めて北へ誘

図1　酒匂川中流の鳥瞰図
（南東から北西を見る）
酒匂川は山地から出た谷口から大きくカーブする．遠景中央は富士山．◎は禹王遺跡の位置．カシミール3Dにより作成．

（1）山地の谷筋を流れる河川が平野に流れ込むと、上流から運ばれた土砂が堆積して、扇状地とよばれる扇形の緩い地形をつくる。

導し、低地をまもる大口堤には激流を直接あてないようにする理にかなった処置である(図２)。その効果あってか、その後約百年間に大口堤の破堤はなく、足柄平野は穀倉として以前より二〜三倍の増収をみた。

（２）富士山宝永噴火による激甚被災地に

一七〇七（宝永四）年の大地震（Ｍ８・３）から約五〇日後の一一月二三日、富士山の宝永噴火(2)が始まった。偏西風により東側の足柄地方に大量の降下火砕物（噴火によって空中に噴出した火山灰や砂・礫などが地表に堆積したもの：以後、当時の呼称にしたがって「降砂」「黒砂」と呼ぶ）が降りつもり、農地は厚さ五〇〜六〇センチもの黒砂におおわれ、不毛の地になってしまった。噴火や降砂による農地の被害だけではすまなかった。富士山の噴火によって、酒匂川の土砂洪水災害が激化してしまったのである(3)。

雨ごとに大量の降砂が酒匂川に流れ込み、下流に運

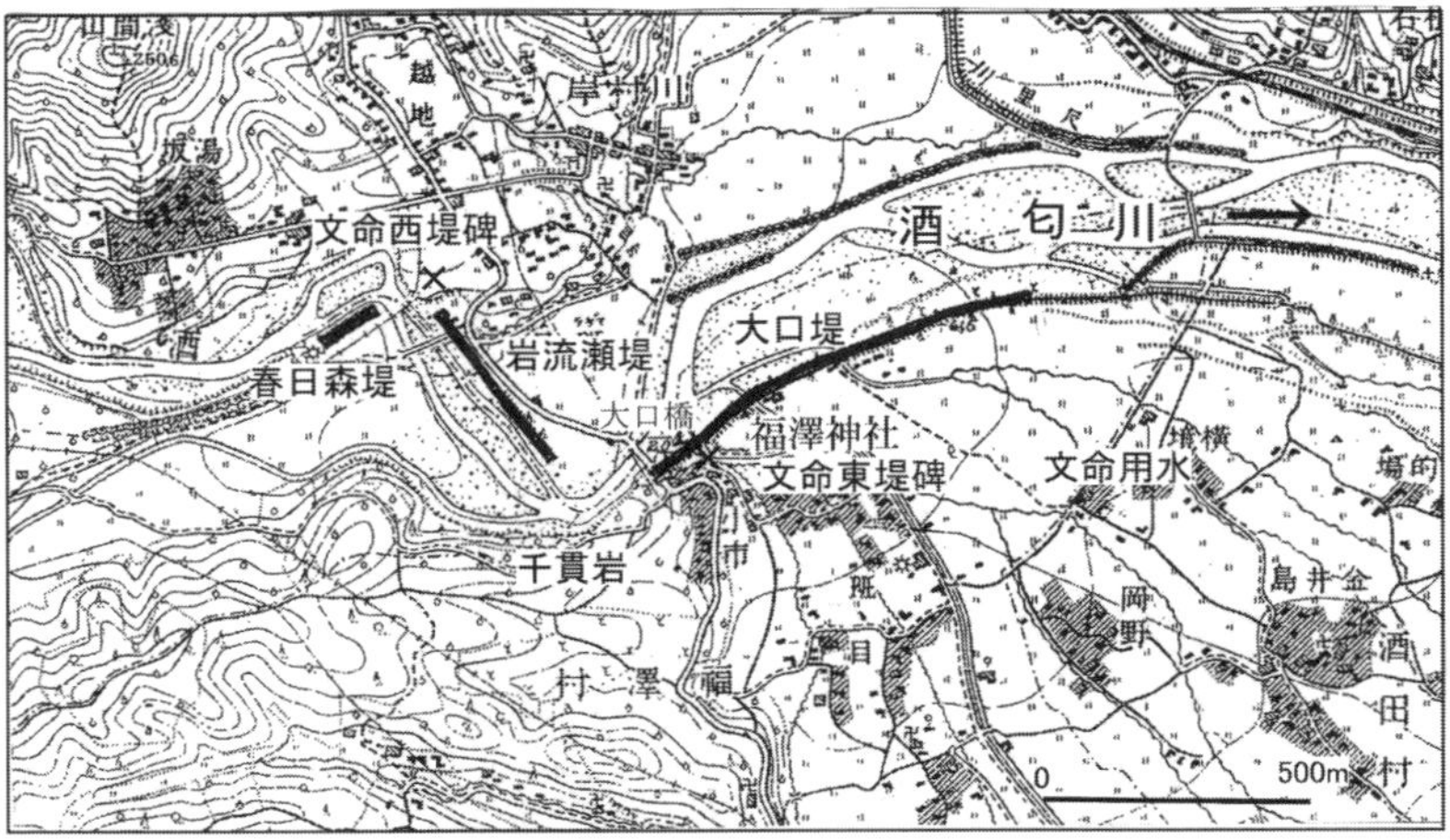

図２　酒匂川の堤防の分布
左から春日森，岩流瀬，大口の各堤（太線）．2.5 万分の 1 地形図「山北」大正 10 年測図に加筆．

（２）富士山宝永噴火は、山頂からの噴火ではなく、中腹に生じた三つの火口から噴火した火山活動。現在も宝永火口として痕跡が残っている。

ばれ堆積するため河床《かしょう》（河底）が上昇し、酒匂川は氾濫の危険性が非常に高くなった。以後百年間にわたって洪水が繰り返し発生するようになる。村々では自力で砂除け作業を始めたものの、収穫は皆無で、飢餓や流亡がつづく凄惨な被災地に変わってしまった。

藩は扶持米《えちまい》などを与えたが、自力復興を断念する。噴火の翌々月、足柄・御厨《みくりや》地方の約五・六万石が幕府領に切り替えられた。幕府は全国の大名に一〇〇石あたり二両の高役《たかやく》金を課し、関東郡代・伊奈忠順に砂除川浚《かわさらえ》奉行を命じた。これで約四九万両が集まったものの大半は幕府財政に組み入れられてしまい、約六万両のみが被災地復興にあてられたという(3)。

一七〇八（宝永五）年閏一月一六日には、岡山藩など五藩による約百日間の川浚御手伝普請が実施され、大口堤防（図３）も補強された。しかし、六月二二日の豪雨で大洪水が発生し、岩流瀬・大口両堤が決壊して、酒匂川の流路は平野の西側（右岸）となり、川下に位置する二一カ村が家屋や田畑の流出などの被害を受けた。一七〇九年七月に大口堤防の締切りが津藩などに命じられ、これを請け負った江戸丹波屋による普請で一一月

図３　足柄平野治水の要所・大口堤の現状
大口橋から下流（東）をみる．2019 年 3 月撮影．

（３）永原慶二（二〇〇二）『富士山宝永大爆発』集英社。角谷ひとみ・井上公夫・小山真人・冨田陽子（二〇〇二）富士山宝永噴火（一七〇七）後の土砂災害、「歴史地震」一八、一三三〜一四七頁。足柄歴史再発見クラブ編（二〇〇七）『足柄歴史新聞　富士山と酒匂川』、大脇良夫（二〇一四）禹王（文命）遺跡の語る日本と中国の文化交流、「治水神・禹王研究会誌」創刊号、一〜一二頁。武村雅之・都築充雄・虎谷健司（二〇一五）『神奈川県における関東大震災の慰霊塔・記念碑・遺構（その２）』名古屋大学減災連携研究センター、関口康弘（二〇一七）酒匂川流域における文命（禹王）信仰の成立と展開、「歴史都市防災論文集」一一。関口康弘（二〇一八）酒匂川の治水と文命文化、「地理」六三—一一（特集：日本の禹王遺跡と治水神信仰）、二〇〜二五頁など。

二六日に復旧がなされたものの、川浚えが不十分なため河床が再び上昇、津藩に砂浚えと大口堤の後方に二重堤をつくらせている。

（3）田中丘隅と治水信仰

一七一一（正徳元）年七月二七日、ついに大洪水が発生、大口堤は決壊した。酒匂川流路は平野西側に移り、以後一六年間にわたって岡野・班目《まだらめ》・千津島《せんどしま》・儘下《まました》・竹松・和田河原の六カ村内を流れ続けた。このため、水損六カ村の大部分が流失し、集落を放棄して西方丘上の山林に仮小屋生活を続けることを余儀なくされた。

低地では、積もった黒砂を取り除き定められた捨場へ運び、田面を掘り起こす復旧作業を始めた。しかし、大口堤の締切りは困難であり、また旧流路を左岸の村が利用して用水路を延長・開発したため、右岸の村と激しい対立が生じるようになる。

八代将軍・吉宗のもと、一七二二（享保七）年に右岸の激甚被災地を小田原藩領にもどし、藩が復旧に取り組むことになった。これは幕府財政の再建と新田開発促進の政策の一環とみられる。

ここで町奉行と地方御用掛を兼務する大岡忠相は、『民間省要《みんかんせいよう》』を著《あらわ》し農政と土木技術に優れた地方巧者《じかたこうしゃ》の田中丘隅《きゅうぐ》（休愚《きゅうぐ》）を登用（4）、一七二五（享保一〇）年一二月、酒匂川両堤御普請所掛に任じた。田中は以前に井沢弥惣兵衛《やそうべい》の下で、荒川の治水事業に従事した経験をもつ。大岡ら幕府側は新川筋を本流としたい左岸村々の主張を退け、酒匂川を元の流路へ戻す方針を決定し

（4）田中丘隅（一六六二～一七二九）。田中休愚とも称した。武蔵多摩郡平沢村の農家に生まれ、川崎宿の名主・本陣の田中兵庫の養子となる。

た。田中は一七二六年、二月から五月の少雨期約三カ月間で大口堤と岩流瀬堤を締切り、修築を成功させた。とくに、地元の職人や工人らにつくらせた弁慶枠や立籠枠の水制《すいせい》(5)は丈夫で、護岸機能を十分に発揮した。田中による治水は効果を上げたが、その後も酒匂川の洪水は続く。富士山噴火が酒匂川に与えた影響は甚大で、一七三四年の洪水で再び大口・岩流瀬両堤が決壊した。田中の後を継いだ彼の娘婿・蓑《みの》笠之助らを中心に治水事業が取り組まれていく。

　田中丘隅による治水終了後、本地域に禹王信仰が登場する。

　田中は治水技術に優れていたが、神仏に帰依する深い信仰心をもっていた。蛇籠《じゃかご》(6)一つ一つに経文を読み上げ、堤防の要所には川除け地蔵を祀った。注目されるのは岩流瀬堤を「文命西堤」、大口堤を「文命東堤」と名づけ、災害の特徴・堤防普請を記した「堤碑」および禹王を祀る「神禹祠」をそれぞれに建てたことだ（図4）。そして、住民に水害除去と堤防安置の祈願、治水と堤防への注意喚起のため毎年祭礼を実施するよう命じている(7)。田中が堤の命名に用いた「文命《ぶんめい》」とは、禹王の名である（第1章四頁参照）。

図4　祭礼日の文命西堤碑（左）と文命宮（右）
山北町岸．2016年5月．

(5) 水制とは、洪水から川の護岸を守るために、水の流れを変えたり水流を弱めるための構造物の総称。

(6) 蛇籠とは、竹や金属で編んだ籠のなかに石や礫を詰め込んだもので、水制のひとつ。

(7) 瀬戸長治（一九九四）文命堤碑を考える、「市史研究あしがら」四、一三～二四頁。

(4)「文命堤碑」と命名された石碑

大口堤の横、南足柄市怒田の福澤神社には、「堤記碑」(旧碑)と「文命東堤碑」(新碑)とが置かれている(図5)。

旧碑は一七二六(享保一一)年四月、新碑は同年五月二五日に完成した。旧碑は摩滅により判読できない部分も多いが、瀬戸[7]は碑文末に「為神禹祭祀之資賜官庫金一百両…」が追記されていることを明らかにした。そして、旧碑の完成後に幕府が祭礼を実施するため一〇〇両を下賜することを決めたことから旧碑を廃棄し、これを明記した新碑を建てたと推定している。山北町岸の「西堤碑」はさらに奇妙で、四月に完成した碑文を削り取って裏返し、「二十両下賜」を追加した碑文を再刻したと推定する。

「文命東堤碑」(図6)に「因地勢疏水　循水性導河」「謹按昔安貞二年勢田判官為兼奉勅治水建神禹祠于鴨河　旧章可拠故今累石設神座于堤上」と記す点に注目したい。前段は禹王が行った疏《そ》と導《どう》の治水思想を踏襲し、後段は京都鴨川に建てた「神禹祠」にならって祠を建て祀り、堤を禹の名により「文命堤」と呼ぶとある[8]。

禹王治水に通じた田中は、「文命堤」上に「神禹祠」を祀るとともに、官金を与えて祭礼と植樹を行い土石を運ぶよう命じた。村民が治水と堤防への関心を維持するため禹王信仰を定着させようと努めたのである。一年後の一七二七(享保一二)年に「文命大明神」「文命御奉前」と記す手水鉢などが献納されており、「神禹祠」は堤名の文命に統一するため、「文命宮」と改称され

(8)大脇良夫(二〇〇七)『酒匂川の治水神を考える』自費出版。

たようである。これは大岡・吉宗筋からの指示があったためで、京都の禹王廟と区別する対抗意識があったのかもしれない。

なお、一八七九（明治一二）年の神社明細帳に「雑社文命社　祭神夏禹王」と記されている。これは、日本唯一の禹王神社であったといえよう。

しかし、一九〇九（明治四二）年には神社合祀令（一村一社）により文命社は村社「福澤神社」に改称され、近隣一一社の天照皇大神などの諸神と合祀されてしまった(9)。

図 6　福澤神社の文命東堤碑

高さ 200 × 幅 105cm の流紋岩で 1726 年建立．620 字で鴨河神禹祠，賜金百両などを記す．

図 5　福澤神社，石碑広場の禹王関連碑

①堤記碑，②文命宮，③文命東堤碑．2016 年 5 月 5 日．

(9)大脇良夫（二〇一四）禹王（文命）遺跡の語る日本と中国の文化交流史、「治水神・禹王研究会誌」創刊号、一～一二頁。大脇良夫（二〇一五）文命（禹王）が果す日本と中国・台湾・韓国との文化交流、「東アジア文化交流交渉学会　第七回国際シンポジウム」。

(5) 地域に残る災害文化の継承

水損六カ村の鎮守として文命東堤上に「文命社」が創建され、その後、水害除去と堤防安全を祈願する祭礼が毎年行われるようになる(10)。江戸後期には農具市、明治期には草競馬が行われるなど、大口の祭りとして名物になるほどのにぎわいだった。

酒匂川の堤防と水防への関心を維持させるために創出された「文命祭礼」が、災害文化のシンボルとして現代に生き続けているのだ(11)。今日では五月五日に祭礼が行われ、人出が絶えない(図7)。

本地域は一九二三(大正一二)年の関東大地震で震度七の激震地となり、再び大被害を受けた。とくに灌漑用の樋門や水路は壊滅状態になった。このため、神奈川県が新たな用水路と発電所をつくる復興計画を立て、一九二八(昭和三)年に工事を開始し、一九三三(昭和八)年に長さ約二一・五キロメートルの新水路が完成した(図8)。文命堤に因んでこれを「文命用水」と名づけ、文命用水普通水利組合が組織されたことから、「文命隧道」や水路を跨ぐ「文命橋」などのインフラの名称に

図7　文命堤で開催される祭礼のにぎわい

露店が並び，多くの人出がある．2016年5月5日．

(10) 岩崎清美(一九九六)近世後期における儀礼の変容と地域―相模国足柄上郡文命宮祭礼を中心にして―、「市史研究あしがら」六、一〜二二頁。

(11) 関口康弘(二〇一七)酒匂川流域における文命(禹王)信仰の成立と展開、「歴史都市防災論文集」一一、五一〜五七頁。

文命が定着していった（図９）。

一九四七（昭和二二）年四月に創設された足柄上郡組合立「文命中学校」の校名は、産業の動脈である「文命用水」から採られている。

ここには、田中の治水貢献への感謝、「文命堤」および「文命社」に対する地域住民の深い尊崇を読み取ることができる。足柄平野は「文命」すなわち「禹王」が治水神として受容され、独自の災害文化「文命文化」が発展した日本でもまれな地域といえよう。

図８　福澤神社横の文命用水之碑

1936（昭和 11）年 7 月，神奈川県が完成を記念して建立．裏面に昭和 39 年の文命用水契約書を追記する．

図９　南足柄市怒田の文命用水と文命橋（中央）

四　大分県臼杵市の「大禹后稷合祀壇」—天変地異を記録する文化遺産

（1）史跡や文化財の魅力あふれる臼杵

大分駅から日豊《にっぽう》本線を海岸沿いに南下すること三〇分、キリシタン大名大友宗麟《そうりん》が開いた臼杵《うすき》に着く。一六世紀後半には海外貿易で繁栄し、キリスト教会や唐人町が建つ国際都市だった。駅は町外れにあり、海に向かって東へ約一五分歩くと臼杵城の石垣と白壁が空に向かってせり上がっている。一六〇〇（慶長五）年に稲葉貞通が入城して以来、維新まで十五代続いた。南部には石畳道と武家屋敷が残り江戸期にタイムスリップしたような懐かしさを覚える(1)。その一角に直良《なおら》信夫の生家をみつけたときはうれしかった。明石《あかし》海岸で彼が採取した化石人骨は明石原人と名づけられ一躍注目された。臼杵川上流の深田・中尾・門前には一一～一三世紀の磨崖仏群があり、国史跡として有名だ。教育委員会の菊田徹氏は四〇年間文化財行政一筋に歩まれ、石仏の保存整備と研究に没頭され、一九九五年の国指定に貢献された。臼杵の禹王遺跡を最初に案内していただいたのは二〇一一年九月、それ以来、臼杵を五回訪問している。

(1) 板井清一（二〇〇〇）『中世の街並みと臼杵の美風を遺す』臼杵市立図書館。

（2）治水神と農耕神が合祀された「大禹后稷合祀壇」

臼杵川の左岸、家野の段丘東端に「大禹后稷合祀壇《こうしょくごうし》」がある（図1）。一般には「禹稷廟《うしょくびょう》」と呼ばれ、治水神の大禹と農耕神の后稷を合祀したものだ。后稷は周の始祖とされ、五穀豊穣を祈願する農業の神である。祠や神位はなく、儒教式の祭壇が野外に築かれているだけ（図２）。おそらく日本で唯一の様式であろう。以前は九月一五日に「禹王市」が開かれ、臼杵領の大市としてにぎわったという。近年では下南地区（野村・望月・深田・家野・荒田）の「禹王塔祭」として神楽奉納（図３）や子ども相撲大会がにぎやかに行われている（図４）。

一七四〇（元文五）年九月、第九代藩主泰通のとき、家臣の吉田栄賢や稲葉尚房が提議して大禹と后稷を家野松ケ鼻に祀ることを藩議で決した。当時、水害・旱魃《かんばつ》・蝗害《こうがい》(２)・疾病《しっぺい》など深刻な災害が頻発し、藩政は危機的状況にあった(３)。これを打開する目的で、水害除去と豊穣を祈願する「禹稷廟」の建設が藩儒・荘田子謙らにより計画されたのだ。

当初は岩窟を穿ち、大禹と后稷の石碑を祀る予定だったが、財政事情から土盛による合祀壇を

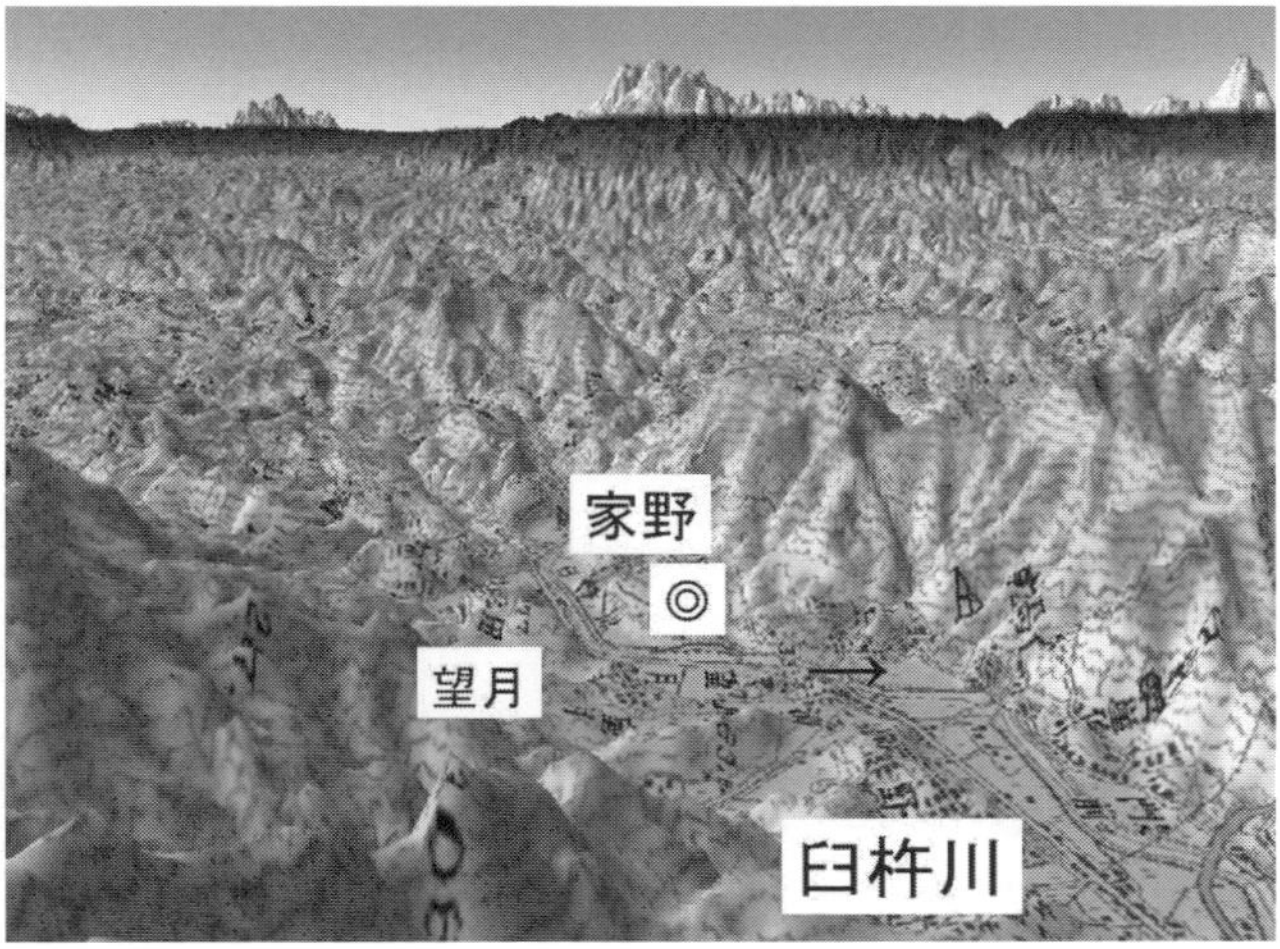

図１　臼杵川流域の鳥瞰図（東から西を見る）

阿蘇山（遠景）から流れ下った火砕流（阿蘇４火砕流）がつくった段丘上にある家野の位置が◎合祀壇．カシミール 3D により作成．

(２) 蝗害とは、イナゴやバッタの群れが農業に被害を与える自然災害。明治初期まで日本でも発生していたが、殺虫剤の普及で今日の日本では発生しなくなった。

(３) 臼杵市史編さん室編（一九九〇）臼杵藩政の展開、『臼杵市史 上』四七〇～四九六頁、祭りと信仰、『臼杵市史 上』六六〇～六六九頁。

図２　臼杵市家野松ケ鼻の大禹后稷合祀壇
壇の右に合祀之碑が立つ（1965 年頃）.

図３　合祀壇前で神楽の奉納
2015 年 9 月 15 日.

図４　禹王塔相撲大会の幟旗
下南地区の小学生が参加する.
2015 年 9 月 15 日.

造成し、合祀之碑と合祀碑記（神道）碑を建てることになった(4)。儒教式祭壇は一辺約九メートル・四メートル・二メートルの三段の石組からなり、合祀之碑が横に置かれている（図２）。また、藩主らが参拝する通路も開かれ、途中に禹稷合祀碑記が建てられている。当時八歳であった藩主泰通が直接関与することはありえず、吉田や稲葉が江戸在住の荘田と相談して実行したと考えられる。さらに、近くの荒田・家野・掻懐《かきだき》の三村に春秋二回米麦を献上して豊作祈願の祭礼を行うことを命じ、祭礼経費として四石を免除している。

（４）久多羅木東浦（一九三四）荘田子謙、「臼杵史談」一三、一九〇〜二〇三頁。

（3）臼杵藩を襲った天変地異

藩をあげて祭壇を造成し、災害鎮静と豊作を祈願せねばならないほど災害は深刻だったのだろうか。江戸期の人口変化をみてみよう。

一六四二〜一七〇七年間に四・一万人から六・九万人へと約一・七倍に急増しているが、一七六四（宝暦一四）年に六・四万人と異常な減少を示し、その後、幕末まで回復も緩やかなものに一変している（図5）。この人口急減から、享保と天明の両大飢饉間の旱魃や水害、疾病による深刻な異変が推定される(5)。

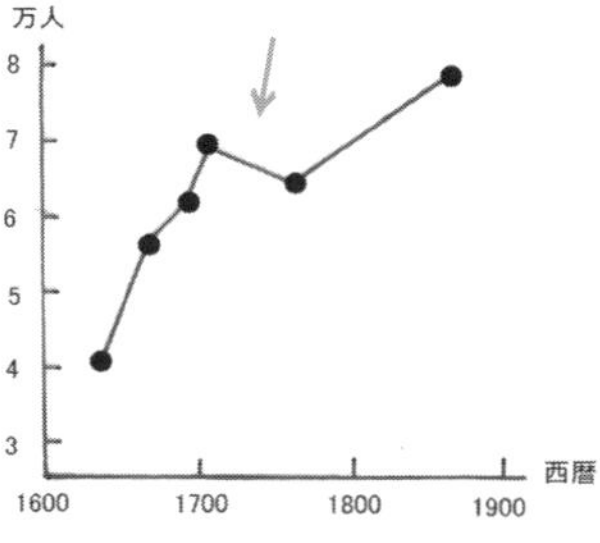

図5　江戸期における臼杵藩の人口変化
1700年代の異常な減少（矢印）が注目される．板井（2000）により作成．

「稲葉家譜」や「温故年表録」から編まれた「臼杵市史年表」(6)により二〇年ごとに災害の種類と発生回数を示す（図6）。一七二〇（享保五）年から一七九九（寛政一一）年までの約八〇年間は、その前後期にくらべ災害発生が数倍に急増している。旱魃《かんばつ》・水害・疾病が全体の約八割を占めるとともに、平均二年に一回の割で発生しており、飢饉や逃散が続いた(7)。とくに、一七二九（享保一四）年から次の元文年間（一七三六〜一七四一）の間は夏の旱魃や疫病の蔓延、秋の風水害が毎年襲い、藩民の生活は極度に困窮した。一七三二（享保一七）年の収穫は七割減となり、二・二万人の飢人がでた。

このため、幕府から五千両を借用するなど、藩財政も借金を重ねて危機的状態になった。打ち続く天災に対し、藩は神仏の加護を祈祷し、虫祭りや雨乞踊、疫神送りなどを命じるだけだった(8)。

(5) 速水融（二〇〇一）『歴史人口学で見た日本』文春新書。
(6) 臼杵市史編さん室編（一九九二）臼杵市歴史年表、『臼杵市史　下』、六〇二〜六四四頁。
(7) 植村善博（二〇一六）禹王遺跡の東アジアにおける分布と大禹后稷合祀壇の意義、「臼杵史談」一〇六、一〜九頁。
(8) 臼杵市史編さん室編（一九九〇）祭りと信仰、『臼杵市史　上』、六六〇〜六七〇頁。

そして一七三八（元文三）年正月には、領内五九カ村の農民が決起して年貢や公役の減免・延引を強訴する百姓一揆が発生した。この事件に対して藩は、要求を大幅に認めざるをえなかった。

こうした災害と飢饉の多発、政治経済の困窮と社会混乱に藩政は危機的状況に追い込まれる。南に接する佐伯藩でも一七二二（享保七）年から一七八七（天明七）年の六五年間で一八回の水害・旱魃・蝗害・疾病・火災などが頻発、藩民はことごとく困窮して、藩政も困難を極めていた(9)。

この一七二〇〜一七九九年の間は、享保飢饉（一七三二〜一七三四）と天明飢饉（一七八三〜一七八七）を含み、小《しょう》氷期の寒冷の極にあたる。北極気団の南下に伴い、季節風の緩和が弱くなって異常な低温が発生し、とくに夏季の著しい低温と多雨が生じた。臼杵藩を中心とする豊後地域の困窮と大混乱は、小氷期が原因となった天変地異、すなわち自然災害多発の反映で

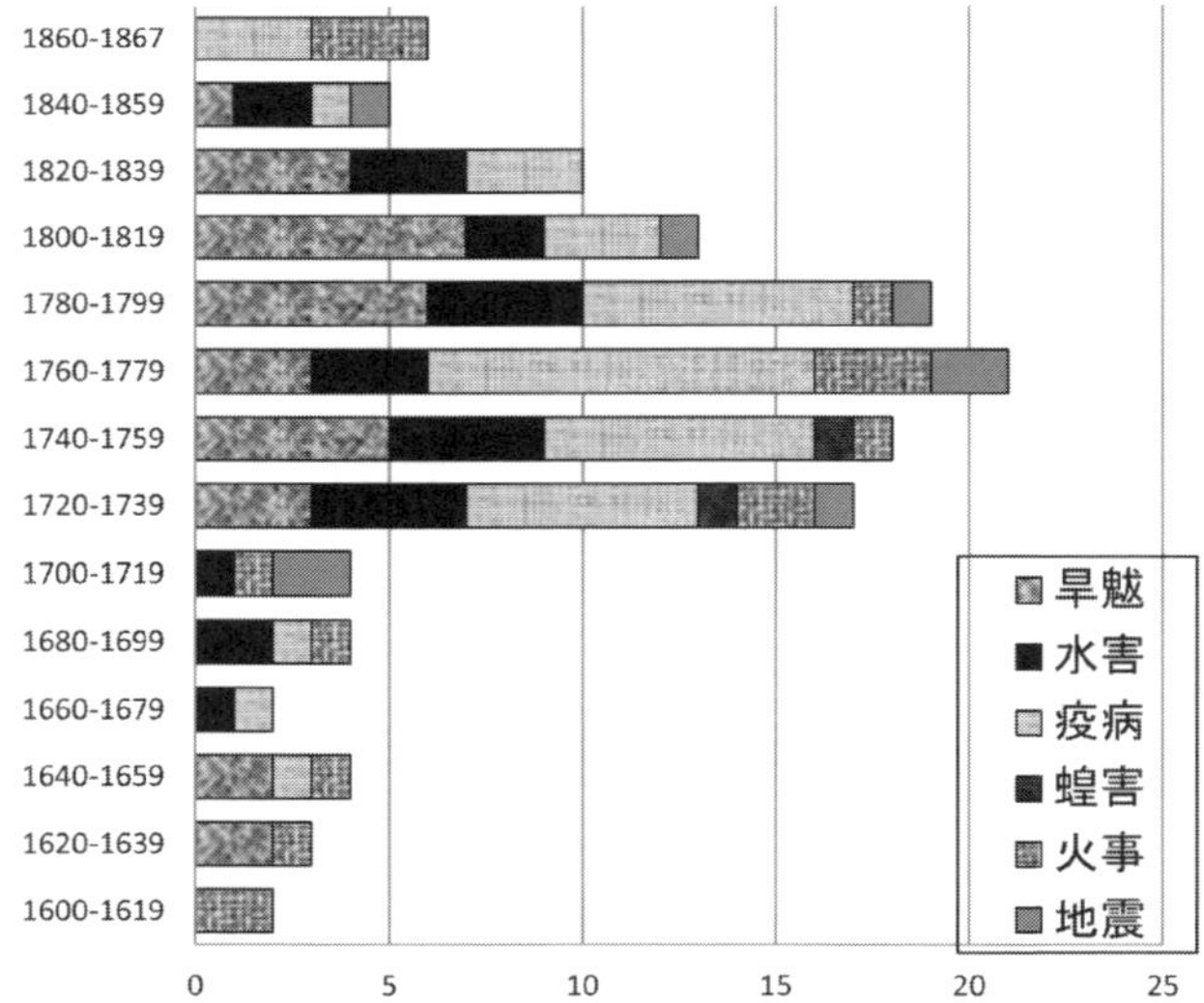

図 6　臼杵藩における災害発生頻度と災害の種類
20 年ごとに集計.『臼杵市史　年表』により作成.

（9）佐伯市史編さん委員会編（一九七四）『佐伯市史』、二三一〜二二六九頁。

あった(10)。

臼杵の「大禹后稷合祀壇」は、世界的規模で生じた小氷期とそれによる災害が多発したことを示す証拠として、再評価する価値がある。また、天変地異に対する人心安定のための祭祀装置であり、異変と災害からの解放を切に願った文化遺産としても貴重なものといえる。

五　濃尾平野・高須輪中の「禹王像」——濃密な禹王信仰とともに

（1）濃尾平野に誕生した輪中

濃尾平野は、木曽・長良《ながら》・揖斐《いび》の三川《さんせん》が形成した南北約五〇キロメートル・東西約四〇キロメートルの日本最大の沖積平野(1)である。地形は東側が高く西に向かって低くなる特徴をもつため、平野西端の大垣・海津《かいづ》・桑名をむすぶ西部地区が、最低部の低湿地帯を形成している。これは養老山地西縁断層が東から西に傾きながら沈みこむ地殻変動を継続していることによる(2)。

さらに、尾張藩は一六〇八（慶長一三）年から十年余をかけて、木曽川左岸（上流からみて左側の川岸）の犬山から弥富《やとみ》に至る四八キロメートルの間に強固な「御囲堤《おかこいづつみ》」を築造し、これより高い堤防の築造を認めなかったといわれる（図1）。このため、木曽川以西に洪水が押し寄せ、水害の危険度は高くなっていった。

(10) 小氷期の気温低下は当時、世界的規模で生じており、ヨーロッパでも飢饉や疫病が発生していた。小氷期の各地の実態や原因は、吉野正敏・安田憲喜編（一九九五）『歴史と気候（講座　文明と環境六）』朝倉書店などを参照。

(1) 関東平野が日本最大の平野と一般にいわれるが、関東平野には台地も含まれるため、沖積平野（低地）の面積で比較すると濃尾平野が最大となる。

(2) 桑原徹（一九六八）濃尾盆地と傾動地塊運動、「第四紀研究」七、二三五～二四七頁。

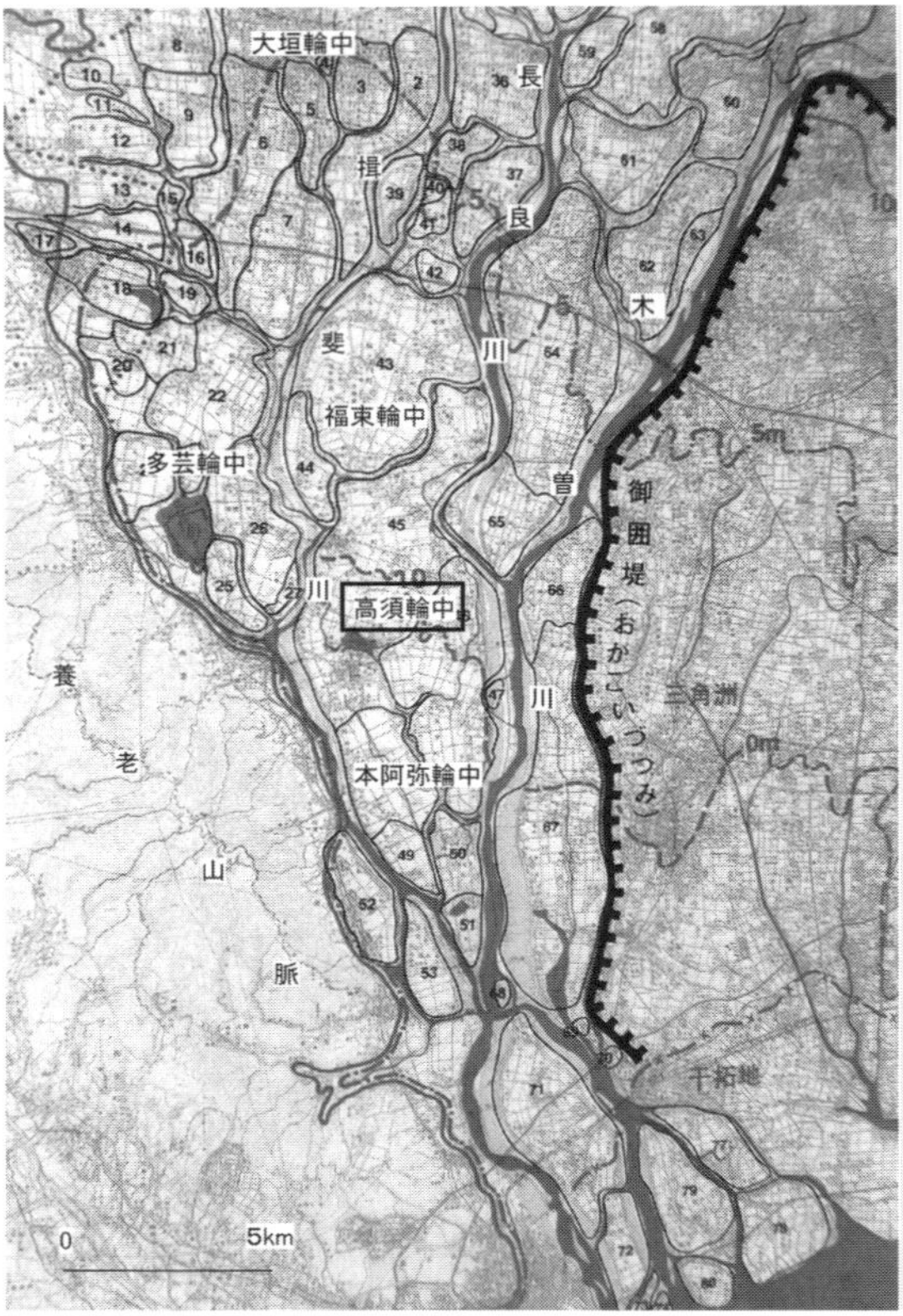

図1　濃尾平野の輪中（袋状の細線）と御囲堤（太線）

木曽川以西の水害常襲地に輪中が分布する．高須輪中（中央やや左）は長良川と揖斐川の間に位置する．海津市歴史民俗資料館の分布図に加筆．

西部地域の住民は自衛手段として、集落や田畑を堤防で囲って水を排除する「輪中《わじゅう》」を形成した(3)。西濃地区は五〇以上の輪中に分割され、生活や水防の単位として閉鎖的な運命共同体として機能してきた。また、輪中地域には、治水と堤防安全・水難除去を祈願する水神《すいじん》信仰が強く浸透している。大垣輪中には三一カ所に水神祠や水神社があり、美都波能賣神《みずはめのめがみ》、神明社（天照大神）や津島（牛頭天王《ごずてんのう》）を祭神として祀っている(4)。とくに、破堤《はてい》(5)危険度の高い揖斐川沿いに集中し、

(3)伊藤安男(一九九四)『治水思想の風土』古今書院。

(4) 大垣市（二〇〇八）『大垣市史　輪中編』。大垣輪中研究会(二〇一八)『押堀と水神の研究—長良川以西の諸輪中を中心として—』。

(5) 洪水によって堤防が決壊することを、「破堤」と呼ぶ。その背後には切所池・押堀(おっぽり)が形成され、再破堤する危険性が高い。

堤防決壊地点には決壊守護神や碑が置かれることが多い（図２）。

（２）高須輪中の特徴

大垣輪中の南に位置する高須《たかす》輪中は、東の長良川・西の揖斐川・北の大榑《おおぐれ》川に囲まれた南北一六キロメートル・東西五キロメートルの輪中である。北半分は高須、南半部は江戸前期に開発された本阿弥・福江・帆引・金廻などの新田からなる複合的輪中（輪中が複合したもの）を形成する。

地盤高（土地の標高）は北で約三メートル、南方へ徐々に低くなり南半分は〇メートルとなる。排水は大江川と中江川により南部へ導き、圦樋《いりひ》(6)により揖斐川へ放出される（図３）。このため、北部では水不足、南部では悪水の停滞という地域対立を生みやすい。集落は高い盛り土の上にあり、非常時の水屋《みずや》や助命壇、上げ舟（避難用の舟）を備えていた(7)。

図２　大垣市曽根の堤防決壊之地碑
1888（明治 21）年に揖斐川が大破堤し，背後に切所池（押堀）が形成された．2016 年 2 月．

（３）高須藩の騒動と被災

高須輪中は近世期に高須藩をはじめ今尾藩・大垣藩・幕府領などに分割されていた。高須藩は一七〇〇（元禄一三）年、尾張藩主徳川光友の次男・松平義行が信州伊那郡から新たに一・五万石

（６）圦樋は圦・井樋ともいい、堤防や河底に伏せ込みにして、悪水の排出や用水の取り入れに利用する暗渠である。

（７）新郷土海津編集委員会（一九七八）『新郷土海津』。水谷容子（二〇一八）近世高須輪中の水害と禹王信仰、「地理」六三―一一、二六～三一頁。

を加増・移封され、明治維新まで一七〇年間続いた。尾張徳川家が後継欠如による家系断絶を避けるための支藩として新知したもので、実際三名が宗家の藩主に入っている。このような高格のため、高須藩主は江戸屋敷に常住し、藩政は尾張藩から派遣された家老らにより運営されてきた[8]。

歴代藩主は多発する水害に苦慮し、堤防修築や藩士屋敷の嵩《かさ》上げなどを行った。しかし、街道沿いの町屋が高所を占めているため、士族屋敷がしばしば浸水被害を受ける。このため、陣屋を揖斐川右岸の安全な高台へ移す嘆願を出しており、一七六五（明和二）年から一七七八（安永七）年までの一三年間は、駒野に陣屋と士族屋敷の一部が移転したのだった[9]。また、財政困窮が続き定常的に尾張藩から米・金銭の援助を受けている。一七二三（享保八）年には五千石、一五〇〇両を支給されている[10]。

十代藩主・松平義建《よしたつ》時代の一八三五～一八三八（天保六～九）年間に水害と旱魃が毎年発生して、収穫はほぼ皆無となった。米価は高騰して住民は困窮し、飢饉が発生して藩は施米をくり返

図 3　海津輪中南端，千本松原の分流堤（北から南をみる）

中央の森は薩摩義士を祀る治水神社．右が揖斐川，左は長良川．

(8) 海津市歴史民俗資料館（二〇〇七）「高須藩をたずねて」。

(9) 南濃町（一九八二）『南濃町史　通史編』。

(10) 大野正茂編（二〇一六）『稿本高須藩年表』。

した⑾。こうして借財を重ね財政は危機的状況の最中、一八三五年に万寿騒動と呼ばれる大規模な百姓一揆が発生した。万寿《まんじゅ》新田の圦樋《いりひ》が吹き飛んで、輪中全域が浸水する深刻な水害が発生したのがきっかけである。この原因は自然災害だけではなかった。

水害が発生する以前、笠松代官所が農民への賦課五百両に対して二百両で圦樋の普請を実施し、残り三百両を堤役人や地元の堤方役・普請請負村民らが配分していた。すなわち、手抜き工事である⑿。これを知った住民は苦情を申し入れたが、役人らは「心配に及ばぬ」とつっぱねた。こうした状況下で増水が起こり、手抜き工事によってできた圦樋が大破して大水害が発生したのだ。高須輪中六一カ村四、六〇〇名が、普請を請け負った万寿新田など五カ村の関係者宅を襲って打ち壊し、笠松代官らも負傷するという大事件となった。結局、騒動の首謀者一三名は江戸送りとなり獄死、関係村民四、一四〇名に五四五貫余の過料を課し、三一カ村の年寄組頭にお叱りを下して終息した。高須藩領の庄屋たちも多く含まれている。

さらに翌一八三六（天保七）年五月に日下丸《ひげ》で破堤して城下は全面浸水、同七月には油島新田で破堤、同八月は台風による大被害が生じた。翌々年（天保八年）は九月前年から続く天候不良で深刻な飢饉、さらに翌々々年（天保九年）年は二月に城下で火事、四月に安田村で破堤など、災害が打ち続いて深刻な影響が士民に及んだ⒀。

藩主になってまもない松平義建（当時三十歳代半ば）は、騒動や打ち続く災害で疲弊した藩の危機と藩民の苦境を深く憂慮したにちがいない。

(11) 海津市歴史民俗資料館（二〇〇八）「美濃高須十代藩主松平義建」。

(12) 海津町（一九八三）『海津町史通史編上』。

(13) 松原義継（一九七六）高須輪中の水害についての考察、「歴史地理学」一八、一五九〜一八〇頁。大野正茂編（二〇一八）『稿本高須藩年表』。

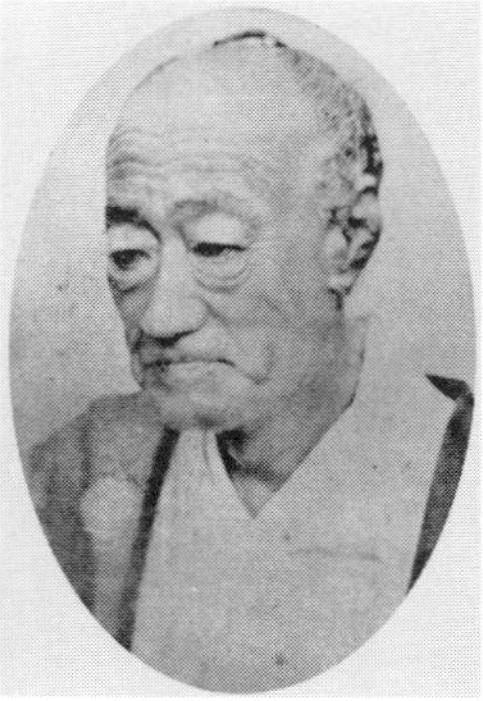

図4　高須藩第十代藩主・松平義建（晩年の撮影）
複製：原資料は行基寺蔵．1799（寛政11）年生まれ，1832（天保3）年に十代藩主となる．1862（文久2）年没．幕末に活躍した高須四兄弟の父．

図5　松平義建自彫の禹王木像
高さ34cmの木像で，1838年に城下の諦観院へ下賜された．海津市歴史民俗資料館所蔵．

（4）松平義建による「禹王木像」と「大禹聖像掛軸」

十代藩主・松平義建《よしたつ》（図4）は、一八三七（天保八）年から三年間、破堤入水のたびに領地替えの嘆願を繰り返し提出している(14)。しかし、結果的に取り上げられることはなかった。

苦渋のなか、義建は、一八三八（天保九）年に自ら「禹王木像」（図5）を彫りあげ、藩祖創建の高須諦観院（現・法華寺）に同年九月一〇日安置させた。さらに、尾張藩絵師・宋紫岡に四枚の禹王肖像を描かせ、自ら賛を記した掛軸（図6）に仕立て、高須領四辺の村（萱野・日下丸・

図6　大禹聖像掛軸
尾張藩絵師・宋紫岡の画で，義建が賛を記す．1838年に領内4カ所に安置した．海津市萱野願信寺所蔵．

（14）愛知県史編さん委員会（二〇一四）『愛知県史　資料編二一（近世七　領主一）』、五九～六七頁。

秋江・須脇）の寺院へ九月一五日に下賜し、四方を禹王で封じた(15)。『諸事書留』などには、村々の庄屋や役人らが正装し白木の長持ちをもって禹王掛軸を引き取りにいき、寺に安置・守護して祭礼のけいこを相談する様や、禹王の祭礼を実施したことが記されている。また、義建が一八四三（天保一四）年に高須に帰国した際、禹王祭がにぎやかに実施されていたことも史料から判明する(16)。

画軸の賛には「萬世長傳置像一院分影四邉封内卑湿水厄……冀淂安全」と書き（図6）、禹王の守護によって自藩を水難から守りきりたいとの祈願を記しており、藩主・松平義建の強烈な禹王信仰と水難除去の決意が示されている。

高須松平家の菩提寺は、南陽町上野河戸《こうず》に位置する浄土宗行基寺である。六四歳で没した義建も葬られており（図7）、義建の墓碑銘には、儒官の河原直光が「公大患之親刻聖禹像令使祭之其後決壊之患稍遠」と記して、禹王を祭祀することで水難から救ったと称えている。

海津市は、日本で最も濃密な禹王信仰と文化が定着している地域といえる。幕末期に「高須四兄弟」として活躍が知られる慶勝《よしかつ》（尾張藩主）・茂栄《もちはる》（尾張藩主・一橋家当主）・容保《かたもり》（会津藩主）・定敬《さだあき》（桑名藩主）は、義建の実子である(17)。第七子

図7　松平義建の墓碑

高須松平家藩主の菩提寺である行基寺にある．裏面に墓碑銘を刻む．海津市南陽町上野河戸．

(15)水谷容子(二〇一四)高須松平家と十代松平義建、『高須四兄弟』新宿区立新宿歴史博物館、六八～七〇頁。

(16)水谷容子(二〇一四)治水神・禹王信仰の広がり、「治水神・禹王研究会誌」創刊号、二二～二五頁。

(17)新宿区立新宿歴史博物館(二〇一四)『高須四兄弟』平成二六年度特別展図録。

図８　加賀家の禹王祠
義建が大禹王尊と自筆した掛軸を祀る．海津市鹿野．

容保（幼名銈之允）が江戸で生まれたまさにその頃、高須藩領では災害の多発により生活は疲弊し、住民の苦悩は一揆を引き起こすまでに深刻化していたのである。

（5）禹王の祭礼

高須藩領に継承されてきた「禹王祭」についてみてみよう。

鹿野村加賀家の先祖は、水難免除・五穀豊穣と義建が自筆し花押を記した大禹王尊の掛軸を拝領し、宅地内に禹王祠を建て神位として祀った（図８）。村ではこれを「禹王さん」と呼び、毎年五月一四日に「禹王祭」を行っている。夕刻から提灯に明りをつけ僧侶が読経するなか、参加者が焼香するものである[18]。

図９　田鶴の禹王さん灯籠
高さ2.5ｍの花崗岩柱に木製の火袋をおく．海津市南濃町，田鶴和合館横．

（18）逵志保（二〇一五）「禹王さん」―岐阜県海津市鹿野の禹王祭り―、「治水神・禹王研究会誌」二、四六～四九頁。

また、南濃町田鶴では毎年一〇月一七日に「禹王さん祭り」が行われてきた。昔は神嘗祭ともよび稲の新穂を供え、水害から家や田畑を護り豊作を禹王さんに祈願する。ご神体は皇大神宮と刻んだ石灯籠（図9）である。以前は揖斐川の切所池堤上におかれ、神明社と八幡社の両氏子が一緒に二つの提灯山をつくって演芸を催すなどにぎやかな祭りだったという。一九六〇～一九六五（昭和三五～四〇）年頃の堤防工事により堤下の和合館横へ移されたが、現在も祭礼を続けている[19]。当地では禹王は、宝暦治水の薩摩義士をさすとの伝承もある。

　これらの事象は藩主義建の強い禹王信仰が領民に浸透し、水害常襲地において禹王信仰と祭礼が維持されてきたことを示す。名君で学問にも通じた藩主・松平義建は、水難で疲弊し危機的状況のもと、治水神・禹王を藩内に招来し、信仰と祭祀を命じて定着させることで藩民の心の安定を願ったのだろう。藩主自らが禹王信仰を藩領の村民に浸透させた例である。

(19) 水谷稔（一九九四）田鶴の「禹王さん」、「濃飛の文化財」三四、二六～三一頁。

（6）尾張徳川初代義直の儒教尊崇

高須藩主・松平義建の強い禹王信仰はどこに由来するのだろうか？

親藩である尾張徳川初代藩主・徳川義直は、父・家康の遺志を継いで儒教に強く傾倒したことで知られる[20]。彼は一六二九（寛永六）年に名古屋城内に孔子廟を建て、釈奠《しゃくそん》を執行、金の五聖像（堯・舜・禹・周公・孔子）を祀った（図10）。さらに、一六三二（寛永九）年江戸上野忍岡の儒家・林羅山の学寮に先聖殿（孔子廟）を建てるとともに、「大禹像」を含む二一幅の歴聖

(20) 山本泰一（一九九六）尾張徳川家初代義直の儒学尊崇とその遺品について、「金鯱叢書」二三、一三七～一六三頁。

大儒像を狩野山楽に画かせている。

義直の積極的な活動により、儒教が徳川体制と社会秩序の安定のために文治政策の中心に置かれるようになる。儒教・儒学の興隆を積極的に推進した義直の功績は大きい。遺言により、彼は瀬戸市臨済宗定光寺に明人が設計した儒教式の源敬公廟に葬られた（図11）。こうした義直以来の宗家尾張藩の儒教嗜好の伝統的学問風土が、松平義建に強い影響を与えたと考えられる。

義建の「禹王木像」は、名古屋城の「禹金像」と「歴聖大儒像」をモデルにしたと思われる。義建の禹王信仰が、尾張徳川家の儒教重視の伝統から強い影響を受けていることは明らかだ。

図 10　名古屋城の孔子廟に祀られた五聖像

厨子に金製の5聖像を納める．左端が禹王像．山本（1996）による．

図 11　瀬戸市定光寺の源敬公廟

尾張徳川家初代義直の墓．遺言により，明人陳元贇の設計した儒式墓に葬られた．

第4章　顕彰にみる禹王

□香川県高松市の大禹謨碑は、なぜ日本のほかの３カ所にも建てられたのか？

□天竜川では禹王信仰がないのに、なぜ禹王碑が建てられたのか？

□禹王と一緒に祀られている、他の治水神とは？

□栃木県の鬼怒川導水に貢献した人物が百年後に顕彰されたのはなぜか？

□明治の淀川近代治水事業に、多くの禹王遺跡が存在しているのは、なぜか？

前章では、禹王遺跡を有し、祭礼などによって禹王信仰が現在も地域の人々に継承されている事例をみた。

本章では、治水貢献者や土木事業の顕彰として、禹王遺跡が分布する地域を取り上げる。なぜ禹王が顕彰のために語られたのか、背景にどんな経緯があったのか。各地域を実際に訪ね、顕彰碑としての禹王遺跡の特徴を明らかにしながら、地域の歴史をたどってみよう。

一　高松市の「大禹謨《だいうぼ》」碑――忘れられた禹王の再生

四国の玄関口・高松は、徳川家康により丸亀から移された讃岐生駒《さぬきいこま》氏一七万石の城下町として開かれた。しかし、二代目藩主正俊が一六二一（元和七）年に三六歳で死去、幼少の高俊が藩主となった。このため幕府は後見人に津藩の藤堂高虎《とうどうたかとら》を命じ(1)、以降同藩の家臣が讃岐に派遣されて藩政に参画した。藤堂高虎・高次の二代が生駒藩の治世にかかわったが、生駒騒動によって生駒藩は領地没収となり、代わって松平氏に引き継がれる。

生駒藩時代の高松において、治水事業をめぐって「禹王碑」が登場し、松平時代に忘れ去られ、大正・昭和期になって再発見され評価を高めていく。その経緯をたどってみたい。

（1）藤堂高虎の娘婿が生駒正俊であり、彼が三六歳で死去して息子が幼少で藩主となったため、高虎は外祖父として生駒藩の藩政に関わることとなった。藤田達生（二〇一八）『藤堂高虎論―初期藩政史の研究―』塙書房、一一～六七頁。

（1）生駒藩に派遣された西嶋八兵衛

高松平野の大部分は、県下第二の長流・香東《こうとう》川が形成した扇状地からなる。現在の香東川は讃岐山脈から南流して瀬戸内海に流入するが、近世以前は石清尾《いわせお》山をはさんで東西に分流していた（図1）。このため、高松もしばしば洪水に襲われた。しかし、伏流による地下水は豊富で、栗林公園の池泉回遊式庭園も豊富な地下水を利用したものである。一方、少雨の瀬戸内気候に支配され、しばしば旱魃《かんばつ》が発生した。

西嶋八兵衛（図2）は津藩の藤堂高虎・高次・

図1　高松平野の鳥瞰図（南から北を見る）
扇状地性の平野で，旧香東川は石清尾山をはさんで東西に分流していた．◎は碑の発見地．カシミール 3D により作成．

図2　西嶋八兵衛の肖像
彼は津藤堂藩から高松生駒藩へ長期にわたり派遣された．肖像は複製，香川県立博物館蔵．

高久の三代に仕えた人物で、土木技術と行政に優れた手腕をもつ(2)。高虎の命によって西嶋は讃岐へ派遣された。一六二一(元和七)年、一六二五(寛永二)年、一六二九(寛永六)年の三回、のべ約一六年間にわたって生駒藩客臣として滞在し、溜池の改修や築造など多くの水利事業に従事している。

とくに二回目の滞在時、高松は地震や旱魃により農村が著しく窮乏《きゅうぼう》していた。西嶋は龍満・神内・小田・瀬丸・亀越などの溜池を築造し、古くからの満濃池や三谷池を改築するなど、九〇余の溜池を整備して水利を安定させ、農民を旱害の労苦から解放した(3)。

三回目の滞在時には、海岸部の福岡・木太・春日地区に干拓新田を開いた。また、香東川の東流路を締め切って西流に一本化する「付け替え事業」を実施し、高松を水害から解放するとともに、旧流路に農地を開いている(4)。この大事業は西嶋四二歳の一六三七(寛永一四)年に竣工し、その二年後に彼は津へ帰国している。

付け替え事業の完成した一六三七年、大野村の堤防に治水と堤防安置を祈願して、彼は自然石(高さ約六〇センチメートル)に自筆の「大禹謨」を刻んで建碑した(図3)。

図3　高松市栗林公園の大禹謨碑

西嶋八兵衛を偲ぶ八兵衛茶会時に献茶がなされる. 2013年7月.

(2) 西嶋八兵衛は一五九六(天正四)年生まれ、一六八〇(延宝八)年没。

(3) 藤田勝重(一九六二)『治水利水の先覚者　西嶋八兵衛と栗林公園』。

(4) 木下晴一(二〇〇六)江戸時代初めの香東川の治水工事(1)—「大禹謨」碑を中心に—、「香川地理学会会報」二六、三五〜四四頁。

（2）大禹謨碑の意図

「大禹謨《だいうぼ》」とは尚書の編名で、大禹のはかりごとを意味し、禹王の政治に関する意見を述べた内容である。多くの土木事業を手がけた西嶋が唯一自ら建てた石碑である。「大禹謨」の難解な言葉にこめた彼の意図は、治水祈願だけとは考えられない(5)。

藤堂高虎は強い儒教志向をもち、儒学者を呼んで講義を開いていることから、西嶋は尚書や禹王の知識をもっていただろう。一方、生駒藩では家臣団の確執・不和が続き、ついに「生駒騒動」が発生した。一六三七（寛永一四）年には生駒帯刀《たてわき》が前野・石崎ら江戸家老の非行を上訴したため、幕府の介入をまねくことになった。この年に「大禹謨碑」が建てられているのだ。

結局、両派が妥協しなかったため一六四〇年に領地没収となり、生駒高俊は一七万石から一万石に減じられ、出羽国矢島へ左遷された。客臣の普請奉行として西嶋は藩政安定のため献身的に尽したにもかかわらず、最悪の結果となってしまった。彼の三回目の一〇年間にわたる讃岐滞在は藩内の確執・混乱の最中であり、二千石の客臣の身としてはなすすべがなかったのだろう。

藩内の危機的状況と自らの無力感が、堤防竣工の祝賀気分を圧倒し、複雑でやるせない心境を「大禹謨」の三文字に刻みつけたのではないだろうか。

（3）大正・昭和に再発見された大禹謨碑

生駒家の後を継いだ松平家の治世下において、西嶋の功績や大禹謨碑は忘れ去られていった。

(5) 北原峰樹・岡部澄子（二〇一三）『「大禹謨」再発見～それを受け継ぐ人たち』美巧社。北原峰樹（二〇一五）「大禹謨」西嶋八兵衛はなぜこの三文字を選んだのか」「治水神・禹王研究会誌」二、一九～二四頁。

約三百年後、香東川洪水後の一九一二（大正元）年、河川改修工事の際に大禹謨碑が河原から拾い上げられた。しかし、香川町大野薬師堂のそばに放置されたままとなる。

そして、一九四五（昭和二〇）年に郷土史を調べていた平田三郎氏が、散歩中に本碑を再発見し、その筆跡が西嶋のものに酷似することを確認した(6)。その後、藤田勝重氏は本碑の重要性から恒久保存が望ましいと考え、大禹謨碑を栗林公園商工奨励館の中庭に移し、一九六二（昭和三七）年七月七日に遷座式を挙行した。しかも、大野に複製碑を置くことを忘れなかった（図４）。また、藤田は『西嶋八兵衛と栗林公園』を発行し、西嶋の治水利水への貢献について詳しく紹介している(3)。

平田・藤田両氏らによる再発見を機に大禹謨碑が新聞などで報道され、『高松市史』や郷土史研究において西嶋八兵衛と「大禹謨碑」、禹王治水についても記述されるようになり、地元に顕彰会が組織された。

一九七八（昭和五三）年に香川用水が完成した。水利の安定と治水に貢献した西嶋八兵衛の偉業が注目され、讃岐の水の恩人を偲ぶ「八兵衛茶会」が始まった。茶会に供するために、大禹謨の名を付した上用饅頭や八兵衛餅（図５）もつくられるようになる。

一九九四（平成六）年には、大野の香川中央高校で生徒会誌が『大禹』と名づけられて創刊された。二〇〇三年には「大禹謨」の名を

図４　高松市大野薬師堂に置かれた複製の大禹謨碑

元香東川河原から大正期に拾い上げられ，平田氏に再発見された．碑はその後，栗林公園へ遷座した．

(6) 北原峰樹（二〇一八）高松市の「大禹謨」碑とその系譜、「地理」六三―一一（特集：日本の禹王遺跡と治水神信仰）、三八～四三頁。

つけた清酒（一四頁の図3）も発売され、二〇一一年に「大禹謨」の和菓子（図6）が製造されるようになったのである。

　このように、高松市には西嶋八兵衛と「大禹謨」にまつわる独自の文化が定着していった。北原峰樹氏は平田三郎の履歴と業績を調査し、高松市に根づいた「大禹謨文化」について研究しておられる[5,6]。大禹謨の菓子を考案し製造している包末招氏は、店にレプリカの石碑を置くほど強い関心をもち、中国へ禹王調査に行かれている。

図5　西嶋にちなむ和菓子「八兵衛餅」
1980年頃から製造．高松市湊屋．

図6　石碑にちなむ和菓子「大禹謨」
2011年から製造．県産品コンクール最優秀賞を受賞．高松市かねすえ．

（4）その後の西嶋八兵衛

一六三九（寛永一六）年に讃岐から帰国した西嶋八兵衛のその後をたどってみよう。

津藩一志郡では一六四二（寛永一九）年の大旱魃と一六四六（正保三）年の大凶作が発生し、藤堂高次は西嶋に雲出井《くもずゆ》用水の計画と施工を命じた。これは雲出川から取水して延長約一三キロメートルの水路を通す大工事である。一六四六年から水路開削に着工して、地形の高低や起伏を読みとりサイフォンなどを巧みに利用して二年後に完成させた（図7）。次いで、一六四八（慶安元）年から城和奉行（大和三・七万石、山城一・二万石の支配）などの要職を歴任した。これらの経歴から、西嶋は行政手腕にも優れていたことがわかる。一六七六（延宝四）年に八〇歳で引退し、一六八〇年に伊賀上野で八五歳の生涯を閉じた。

彼の死から四年後の一六八四年、雲出井の受益村民は八兵衛を祀る湧宮《わくのみや》を建て、命日の三月一九日を祭日として祭礼を続けた。湧宮は一八七〇（明治三）年に水分《みくまり》神社と改称、一九一二（大正元）年高茶屋神社の分社となったが（図8）、西嶋は「八兵衛神」として人々の感謝と崇敬を受け、今も雲出用水を見守っている(7)。

(7) 雲出井土地改良区（二〇〇二）『雲出井土地改良区沿革』。

図7　津市の西嶋八兵衛像
丸之内商店街振興組合が水の守護として1998年に建立．

図8　津市小森の水分神社旧跡
西嶋を祭神として雲出用水の分岐点に1684年建立．4月19日に祭礼を行う．現在は高茶屋神社の分社．2019年4月．

（５）新たに建立された三つの大禹謨碑

一七世紀に讃岐の香東川で誕生した大禹謨碑は、いったん忘却された後に再発見され栗林公園に安置されるとともに、同名の碑が全国三カ所に建立された。年代順に記すと、広島県太田川高瀬大堰の碑、秋田県由利本荘市矢島の碑、そして三重県伊賀市上野の碑である。新たに建てられた三碑は、高松の大禹謨碑を親とする兄弟にあたる。それぞれの建立の経緯をたどってみる。

（６）広島県太田川高瀬大堰の大禹謨碑

瀬戸内海をはさんだ広島市の太田川高瀬大堰の右岸公園に、大禹謨碑が建っている。花崗岩に「大禹謨」と刻んだ横幅三・八メートルの巨大な石碑である。

広島市は、太田川の三角州に浅野家四二万石の城下町として発展した（図９）。河口から約一四キロメートル上流に最初に堰がつくられたのは江戸時代初期の一六五七（明暦三）年。小田庄の丸子市郎兵衛二代にわたる尽力による高瀬井堰である。その後継にあたる

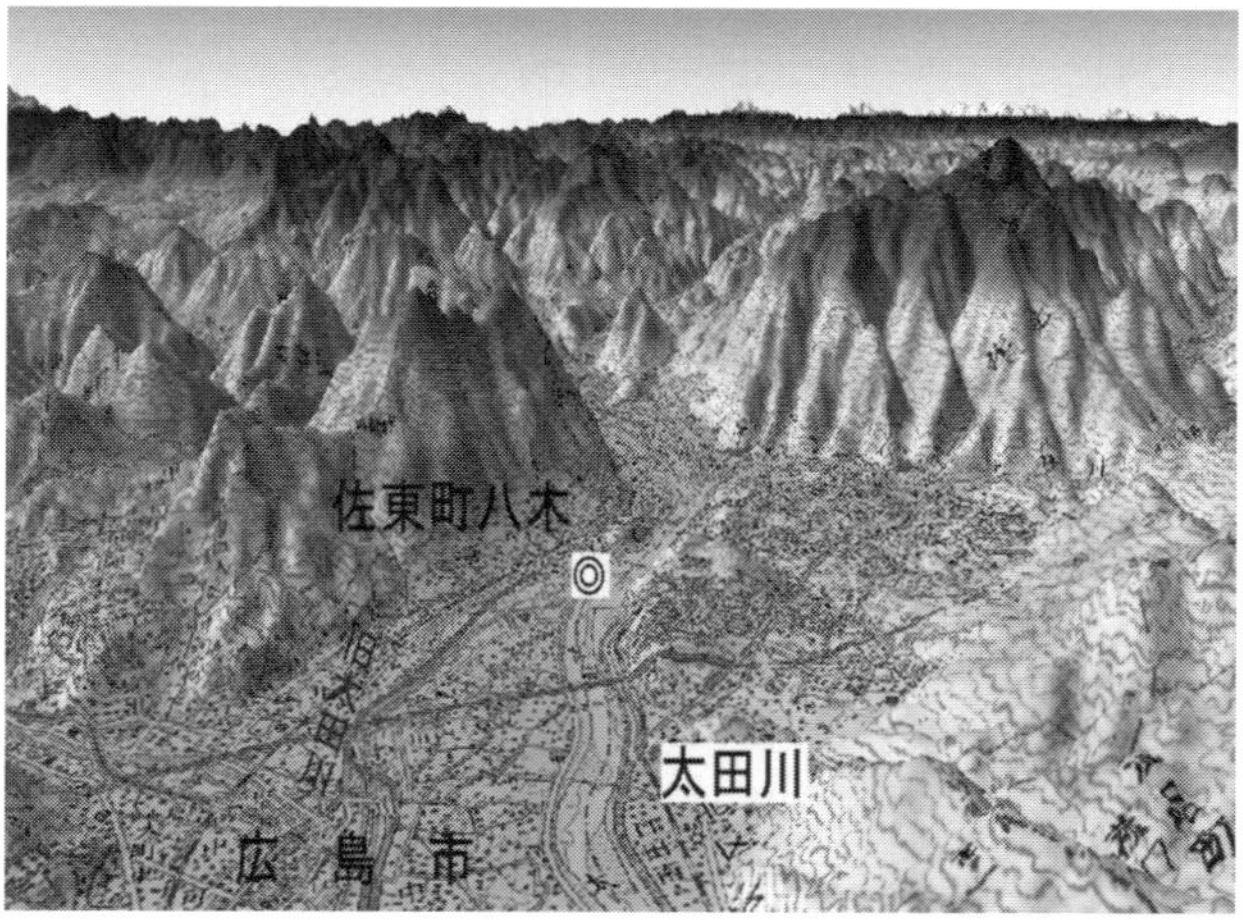

図９　広島太田川の鳥瞰図（南から北を見る）
◎が大禹謨碑の位置．カシミール 3D により作成．

ものが、現在の高瀬大堰である。

一九五五（昭和三〇）年に緑井・八木・川内三村が合併してできた佐東町は、太田川の水害に苦しめられてきたが、一九七二（昭和四七）年に太田川下流の洪水対策が完了した。これを記念して、佐東町長・池田早人氏は「黄河の水を治めた夏の禹王の遠大なはかりごとにあやかり大禹謨を建立して太田川の歴史を偲《しの》び治水の大業を称える」と記し、「大禹謨」碑を建立した（図10）。また、三年後の一九七五年には、水害の多発と用水需要の増加に対応するため、太田川流域総合開発の要として高瀬大堰も完成した。

今日、地元の佐東地区まちづくり協議会は、「大禹謨」碑を地域のシンボルとして活用しようと、同碑の普及やほたる祭の開催に取り組んでいる。さらに二〇一六（平成二八）年一〇月には、第四回禹王サミットがこの地で計画される。しかし、開催の準備がすっかり整った同年八月、広島県は豪雨による土砂災害に襲われた。安佐南区でも多数の犠牲者をだす深刻な被災を受けたため、サミットは中止と決まった。

図 10　太田川高瀬大堰左岸公園の巨大な大禹謨碑

高さ 190cm，幅 380cm．佐東町が 1972 年に建立．

しかし、禹王サミット開催に尽力されてきた福谷昭二氏らは、この災害についての報告とともに大禹謨と禹王研究の成果を報告書にまとめられた(8)。その努力と情熱に敬服させられる。二年後の二〇一八年七月豪雨でも、広島県の山地斜面や急流渓谷で再び土砂災害が発生した。二つの災害による犠牲者の冥福とともに、地域の復興を祈念したい。

（7）秋田県由利本荘市の小さな大禹謨碑

二〇一三（平成二五）年九月、私は秋田市での学会参加にあわせて、レンタカーで由利本荘《ゆりほんじょう》市の矢島町に足を延ばした。讃岐から出羽国へ左遷された生駒氏のお膝下《ひざもと》に建てられた大禹謨碑を訪ねるためである（図11）。

広大な鳥海山の火山麓を走り、子吉川の谷をさかのぼる。矢島町は移封された生駒家の陣屋町であり、一七万石から一万石に減らされたが、藩主・高俊と数百人の家臣らが入部し、その後は明治維新まで続いた。一八七六（明治九）年の戸数は五一八、うち士族一三五戸という小規模な町で、河岸段丘をまたいで集

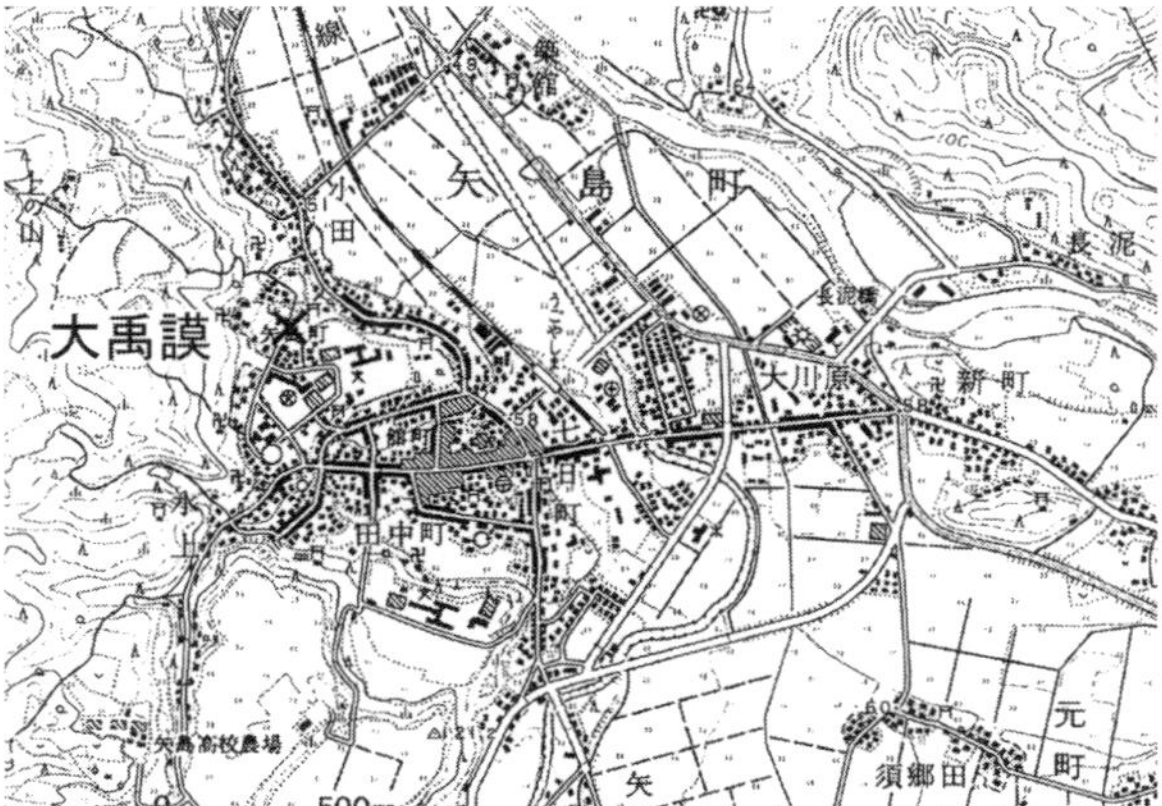

図11　秋田県由利本荘市矢島町の大禹謨碑の位置（×）
2万5千分の1地形図「矢島」.

(8) 佐東地区まちづくり協議会（二〇一四）『第四回全国禹王まつり禹王サミットin広島』。福谷昭二（二〇一五）第四回全国禹王まつり「禹王サミットin広島」大会開催中止の経緯、「治水神・禹王研究会誌」二、三一〜三四頁。

落が広がるため坂が多い（9）。最上段に八森陣屋・寺院・歴史交流館などが並んでいる。重臣・佐藤道益の屋敷は歴史交流館として再建され、栗林公園を模した池庭式庭園をもつ。この敷地内に大禹謨碑がたつ（図12）。

明るい芝生の庭に置かれた高さ三三センチメートルの砂岩製の小さな碑は、この町にぴったりのサイズだった。生駒氏の縁で矢島町は高松市と友好交流を続けており、二〇〇一（平成一三）年に高松市友好都市親善交流協会が大禹謨碑のミニチュアを贈ったものである。

帰りに矢島駅に立ち寄ると、由利高原鉄道のおばこ号が出発するところだった。あねさんかぶりのおばこに「乗車しますか」と誘われ、はいと答えてしまいそうになった。

図12　秋田県由利本荘市矢島町
歴史交流館の大禹謨碑
2013年9月撮影.

（8）三重県伊賀市上野の大禹謨碑

伊賀上野で没した八兵衛の墓は、紺屋町の正崇寺にある。こざっぱりした墓石の傍に「贈正五位西嶋八兵衛之友君之墓」と刻む一九一五（大正四）年建立の記念碑が建つ（図13）。大正時代、地元で西嶋への贈位運動が盛り上がり、正五位を祝う記念式典が行われた。同年一一月に津市の

（9）矢島町教育委員会（一九六九）『矢島の歴史』。

県庁、翌年には正崇寺の墓前でも式典が開催された。

同寺の檀家総代を務める稲垣正昭氏は、酒屋を営みながら、スリランカとの交流を進める活動家で、地元の有名人だ。西嶋の偉業に共鳴した彼は、二〇〇四（平成六）年、墓地の一角に大禹謨碑と香東川の流れを模した庭をつくった(10)。息のつまりそうな墓碑の密集空間のなかに、ほっと気の休まる場所を見いだした。この傍らに平成生まれの四番目の大禹謨碑が置かれている（図14）。

以上述べた三つの大禹謨碑は、建立の事情を異にするが、高松の原碑から誕生した兄弟碑であり、三百年後の二〇世紀

図 13　三重県伊賀市上野正崇寺の西嶋八兵衛墓

石柱は 1915 年の贈位記念碑.

図 14　伊賀市上野正崇寺の大禹謨碑

香東川を模した石庭の傍らに置かれている．2019 年 4 月.

(10) 稲垣正昭（二〇一四）『わたしのつれづれ草』。

後半から二一世紀にかけて、西嶋や治水ゆかりの地に新たに登場したものであった。今後、これらが地域のシンボルとして活用されることを見守りたい。

二　天竜川の「惣兵衛堤防」と「理兵衛堤防」——禹王の名はなくとも

豊橋から天竜峡谷を上りきった列車が飯田駅に着く。長野県中川村歴史民俗資料館の伊藤修氏が出迎えてくれた。

天竜川は流域面積五〇四九平方キロメートル・長さ二一三キロメートルの一級河川。諏訪湖を源流とし、上流域にあたる箕輪町から飯田市まで約五五キロメートルの間は、伊那盆地を網状河川として流れ下る（図１）。西から木曽山脈、東から赤石山脈の支流が合流して水量が増大するため、盆地内で洪水が頻発し、

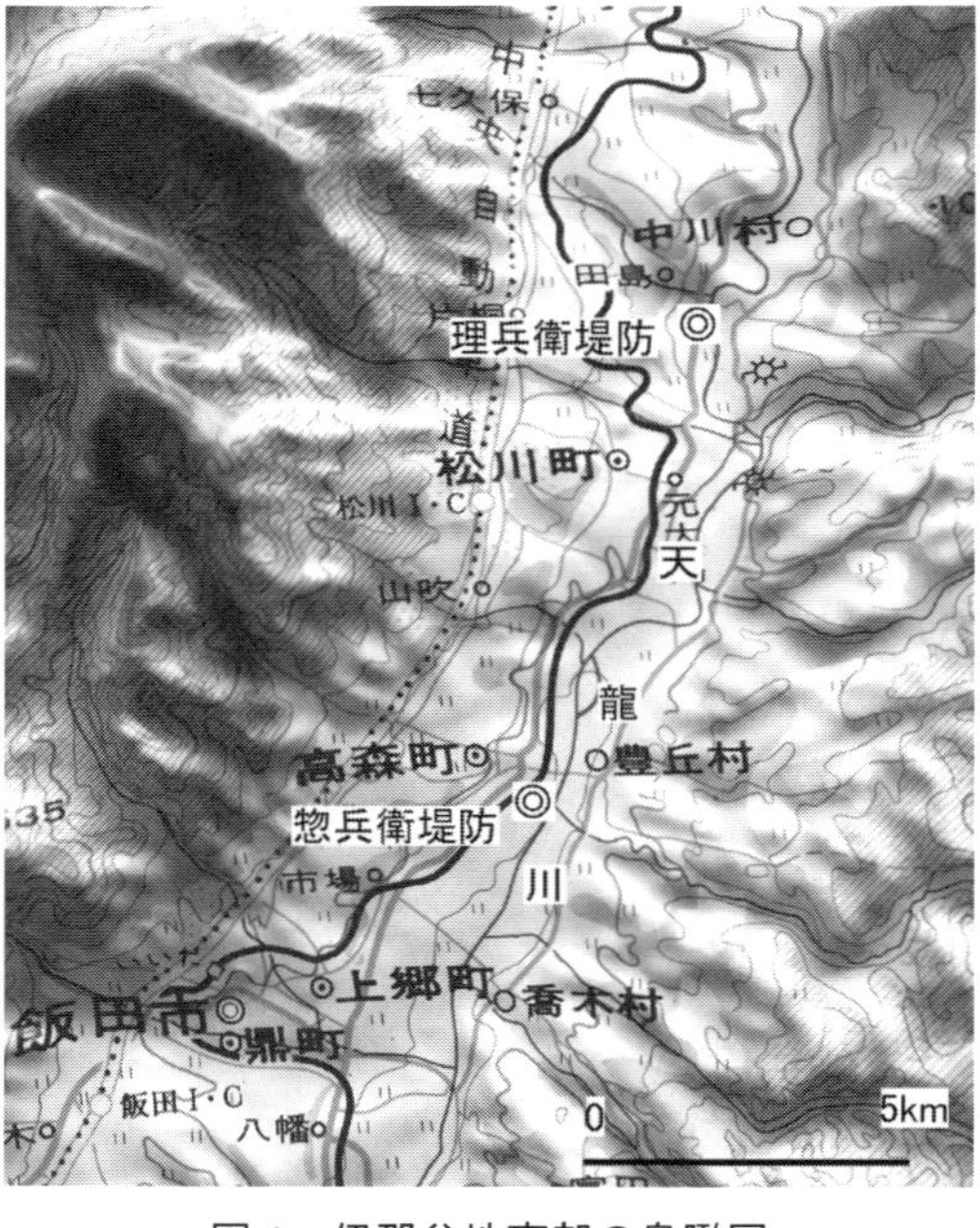

図１　伊那盆地南部の鳥瞰図
上流中川村に理兵衛堤防，下流高森町に惣兵衛堤防がある．

「暴れ天竜」として住民から恐れられてきた(1)。

西岸には活断層による隆起量の大きい木曽山脈が急崖をつくり、そこから多量の砂礫が供給されて、山地と盆地の境に大規模な段丘扇状地(2)が形成されている。支流は地形を数十メートルも深く切り込んで峡谷をなす。このため、せまい天竜川の氾濫原に集落や農地が分布しており、水害危険度は非常に高い。

このような天竜川ではどんな治水が行われてきたのだろうか。伊藤氏から、伊那盆地には水神や治水の碑が多いと教えられ、今回の訪問になった(3)。高森町には「禹余堤《うよてい》」。「禹余石《うよいし》」が知られていたが詳しい報告はなく、まずは実物を見学したい。そして、現地を訪ねれば禹王遺跡が見つかるかもしれないという期待もあった。

(1)「惣兵衛堤防」―藩主が記した禹王の名称

高森町下市田カヌー親水公園横の「禹余堤」を見学する。直径一～二メートルの巨大な花崗岩塊が並んでおり、説明板が立っていた(図2)。それによれば、地元では「惣兵衛《そうべい》堤防」と呼ばれている。飯田藩二万石の第七代藩主・堀親長《ちかなが》が命じてつくらせたもので、「大川除堤《よけてい》」とも呼ばれる(4)。一九六一(昭和三六)年六月の大洪水で堤防の石積みは破壊され、河床から回収した石を並べたものだが、もとの堤防を想像することは難しい。さまざまな名称で呼ばれるこの堤防が建設された経緯は、江戸時代中期に遡る。

(1) 天竜川上流工事事務所(一九八〇)『三十年のあゆみⅡ』。

(2) 中学・高校の地理教科書では河岸段丘と扇状地は別の地形として紹介されているが、河川が土砂を運搬して堆積させた地形として、この場合はほぼ同一のものと考えてよい。

(3) 伊藤修(二〇一七)天竜川上流域における禹王関係石碑について、「治水神・禹王研究会誌」四、一二一～三二頁。

(4) 市川咸人(一九九一)『惣兵衛川除』建設省天竜川上流工事事務所。

図 2　高森町の惣兵衛堤防（禹余堤）
1961（昭和 36）年大洪水で流失した石を集めたもの．
地元では大川除堤と呼ばれる．2015 年 12 月．

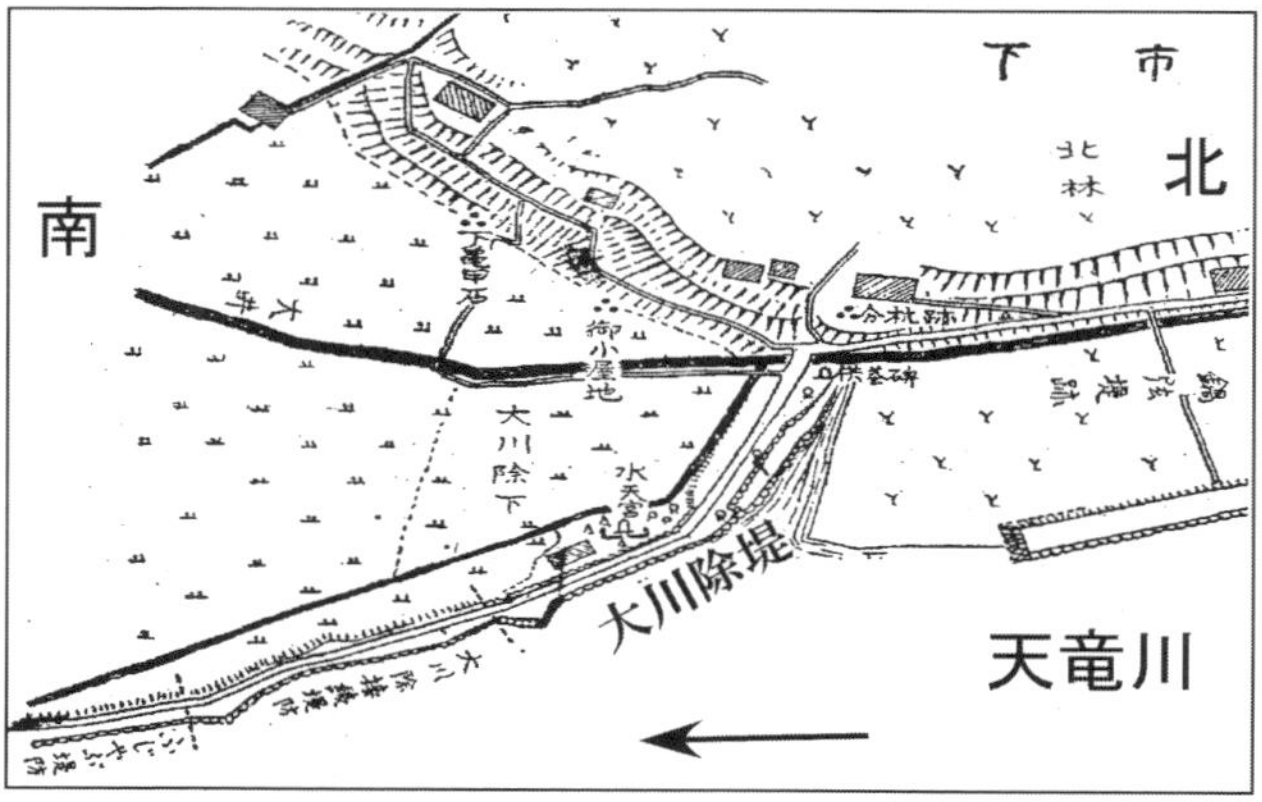

図 3　天竜川右岸大川除堤の位置
鍋弦堤防から下流へ延長したもの．市川（1991）に加筆．

伊那地方では一七一六（正徳五）年六月一七～一八日の豪雨により、歴史的な「未《ひつじ》の満水」の大水害が発生し、沿岸は荒廃した。飯田藩領下市田では、西方山地の大崩壊により押し出してきた土石流が天竜川を東へ押しやり、旧流路は新たな河原に変わってしまった。耕地の復旧が終わった頃、堀親長はこの河原を新田開発するため、築堤と用水路開削を計画した。黒須楠右衛門を川除奉行、羽生金右衛門を工事監督に任命、堤防工事で実績のある七五歳の石工・中村惣兵衛が石工頭に起用され、出砂原《でざはら》の現場で直接指揮をとった。一七四九（寛延二）年に起工、旧鍋弦《なべつる》堤端から長さ八一間・馬踏《ばふみ》(5)二～八間・高さ約二間の水刎《みずはね》堤防が延長され、一七五二（宝暦二）年に完成した（図3）。外面は径一～二メートルの巨石を積みあげ、内面に土を貼りつけた頑丈な堤防である。これにより下市田・座光寺・別府で約二〇〇町が新たに開田され穀倉となった(6)。

一方、水当たりが強くなった対岸の集落（林や伴野）では洪水の危険性が増し、脅威を感じた村民らは工事を妨害、惣兵衛は人柱として埋められたと噂されるほど恨まれたという。

実際、惣兵衛は一七六二（宝暦一二）年に八七歳で世を去るまで、飯田の伊賀良に隠れ住んだといわれる。飯田藩政を刷新し学問と武芸を愛好した英主・堀親長はこの事業の完成から四〇年後に「禹余石を本として河の流れに従って斜めに堤防を築き、河の神を祭祀して禹余堤と名付ける」と堤防の碑文（市田邑堤防之御銘）を記した。結局、碑は建立されなかった。禹王の治水事績に通じた親長が堤防安置と水害除去を願って普請の基点となる大石を「禹余石」、新堤防を「禹余堤」と呼んだのである。

起工から百年後、一八五〇（嘉永三）年に受益村民らは水天宮碑を建立し、一八五四（嘉永七）年には惣兵衛の報恩供養を行い「南無阿弥陀仏」と刻んだ供養塔を下市田の堤防上に建てた（図4）。さらに、一九四九（昭和二四）年四月一五日には二百年祭が盛大に行われ、同月一七日に

（5）馬踏とは堤防頂部をさし、天端ともいう。その幅は堤防強度の目安になる。

（6）塩澤仁治（一九九二）『天龍川原の開発と石川除』建設省天竜川上流工事事務所。下市田河原耕作者組合（一九九七）『変りゆく下市田河原』。

は飯田の長久寺で堀親長の墓前祭も執行されている。住民は惣兵衛の治水への恩恵を忘れず顕彰を続けている。

　地元では禹の名はほとんど知られておらず、「禹余堤」と呼ばれることはなく、惣兵衛や村民が禹王信仰をもっていたとする資料もみられない。藩主・堀長親による命名が継承されたものだといえよう。しかし、天竜川治水の貢献者と土木事業を顕彰し、今日でも惣兵衛の祭典が行われている点で、貴重な禹王遺跡のひとつである。

図4　高森町下市田の惣兵衛供養塔
受益村民により1854年建立.

(2)「理兵衛堤防」―名主松村家三代が尽力した越流堤

「惣兵衛堤防」を見学した翌日は、上流の中川村に向い、天の中川橋西詰の河川公園に復元された「理兵衛堤防」を見学した（図5）。高さ一・五メートル、馬踏約二～四メートル、直径〇・六～一メートルの花崗岩を積み上げた、全長約一〇メートルの堤防である。まず、その大きさに圧倒された。二〇〇六（平成一八）年七月豪雨で洪水によって河岸が破壊され、かつての堤防の一部が現れた。そこで伊藤氏を中心に発掘調査したところ、土砂に埋もれた総延長一五〇メートルの巨石積みの堤防の存在が明らかになった(7)（図6）。このとき発見された「理兵衛堤防」を、

(7) 中川村教育委員会（二〇〇九）『理兵衛堤防』、中川村埋蔵文化財発掘調査報告書第一八集。中川村教育委員会（二〇一一）『理兵衛堤防II』、中川村埋蔵文化財発掘調査報告書第一九集。

国交省の災害復旧工事に伴って河川公園に移設したものが図5の「理兵衛堤防」である。

実際の「理兵衛堤防」は、天竜川の攻撃斜面にあたる位置につくられており、田島の約千石の田を洪水から護っていた。理兵衛とは、飯島代官所支配の幕府領前沢村の名主を務めた松村家当主が代々を名乗った名である（図7）。

図5　中川村天の中川橋西詰の理兵衛堤防
災害復旧時に河床から発見され，移設復元された．

図6　天の中川橋下の理兵衛堤防
天竜川河原で発掘調査中の様子．中川村教育委員会（2009）による．

図7　前沢村田島の名主・第十代松村理兵衛忠欣の肖像
私財により堤防普請を実施した．中川村教育委員会（2009）による．

天竜川と前沢川との合流点とその下手の低地は繰返し水害を受け、「未の満水」でも大きな被害をだした。第一〇代当主・松村忠欣は自費による堤防普請を公儀へ提出して、許された。一七五〇（寛延三）年に着工し、松を組んだ枠に大石を積んで沈床とする大工事を開始した。途中で洪水による破損を受けたが、尾張から石工を招いて長さ約百間の堤防を二二年かけて築いた（図8）。その後も再々破壊を受けたが一二代常邑・一三代忠良が先代の遺志を継いで私財と公費を投じて築堤に尽力、一八〇八（文化五）年に巨石積み築堤事業が完成した(8)。

「理兵衛堤防」は越流堤(9)であり、洪水流の直撃を防止する機能をもつが、洪水時には想像を絶する厳しい状況になったであろう。約六〇年間にわたる理兵衛三代の労苦と献身的努力により完成した堤防を、人々は「理兵衛堤防」と呼んで感謝したという。

松村家は延べ約三・二万両を出資している。工事終了後の一八〇九年に松村忠良（第一二代理兵衛）は、曽祖父・忠欣（第一〇代理兵衛）のために吉田神道家から「天流功業義公明神」の神号を授与され、先祖の治水顕彰、堤防の安置と収穫豊穣を祈願して三つの碑を同時に建てた。

図8　理兵衛堤防の位置
右岸に不連続堤として設置されている．明治32年天竜川実測平面図．中川村教育委員会（2009）に加筆．

(8) 下平元護（一九八八）『理兵衛堤防』建設省天竜川上流工事事務所。

(9) 越流堤とは、堤防を低くして堤内地に洪水の一部を流し込み、本流の威力や流量を減じるもの。

（3）「大聖禹王廟碑」

―地元の水神とともに建つ禹王碑

田島の石碑公園には、雪をいただく中央アルプスを背景に八つの石碑が林立していた（図9）。公園は水神と松村理兵衛一族を祀った戸隠神社の跡地で、各地の石碑を集めている。

最前列の三碑は非常に個性的だ。中央は巨大な龍を彫った九頭竜大権現の碑で、「村中安全　至祝至祷　文化六春三月建之」と記す。これは長野県戸隠神社の御神体で、雨乞いと水難除けの水神を祀ったもの。右側の碑を二人で調べた結果、「大聖禹王廟碑」と読める。これまで「大聖天王廟碑」と報告されていた(10)。これも一八〇九（文化六）年三月の建立。左側は「天流功業義公明神碑」と記し同年三月のもので、裏面には「嗚呼松子功在禹下」の銘が刻まれている。

三碑の撰者は泰山平安胤であり、松村家の治水功績を禹王のそれに続くものと賞賛している。後列には弥都波《みつは》

図9　田島の石碑公園

前列右が大聖禹王廟碑．前列左は天流功業義公明神碑，前列中央は九頭竜大権現碑．後列に水神や魚霊，蛇神など水や治水に関連した石碑が並ぶ．2015 年 12 月．

(10) 中川村教育委員会（二〇〇〇）『中川村の石造文化財』。

能売《のめ》大神（昭和二年四月建立）を刻んだ水神碑、魚霊塔、巳神と記す蛇神碑など、地元民の水信仰を強く反映した石碑が立つ。

以前、新井地区では権現様と呼んで神事や奉納相撲が行われてきた（図10）。小学校の郷土学習では天竜川と「理兵衛堤防」について学んでいる。

以上の三碑に刻まれた禹王の記述は、松村理兵衛三代の治水貢献を顕彰した修辞表現であり、理兵衛一族や地域住民に禹王信仰があったのではない。また、一八〇九年に忠良が三碑を一度に建立したのは、水害消滅を願うとともに松村家の治水貢献を後世に伝え、家運を向上させようとする意図があったのだろう。

惣兵衛堤防は飯田藩による大名普請、理兵衛堤防は名主による自普請という違いはあるものの、二百年以上にわたって天竜川の治水に貢献してきた。地域住民は惣兵衛、理兵衛両堤防の恩恵を熟知しており、現在も災害文化遺産として大きな価値を発揮している。

図10　撤去前の田島権現と石碑

左は天流功業公明神碑，右は大聖禹王廟碑．かつて田島権現にあった石碑は，現在，田島の石碑公園に移されている．中川村教育委員会（2009）による．

三　栃木県鬼怒川の導水と岡田宗山

―禹王と比して貢献を称える

ＪＲ東北本線宇都宮駅から車で北東に進み、鬼怒川をわたると、宝積寺台地の段丘崖《がい》が見えてくる。その崖下を通じている水路が、鬼怒川からの「板戸用水」である（図１の左端の点線）。一六一〇（慶長一五）年に板戸村の次郎平が取水口を設けたのが始まりという。しかし、東に広がる台地は畑と雑木林、谷間では溜による小規模な水田が開かれているにすぎない。

一六七〇（寛文一〇）年に野高谷・刈沼・道場宿・打越・氷室の五村は、板戸用水から水を得るため台地に長さ一四三間（約二六〇メートル）の隧道を掘りぬき、取水に成功して用水組合を組織した。その一筋東側の野元川の谷間では、天水に依存する「唐桶溜《かろけのため》」の用水に頼っていた。元禄期以降の新田開発により旱魃時には下流部や新田の水不足が深刻化し、争いが生じるようになった(1)。

この水不足と村々の対立を解消するため、東水沼村和泉の名主第二五代・岡田八兵衛宗山（直清）は、刈沼から水路を延長し、トン

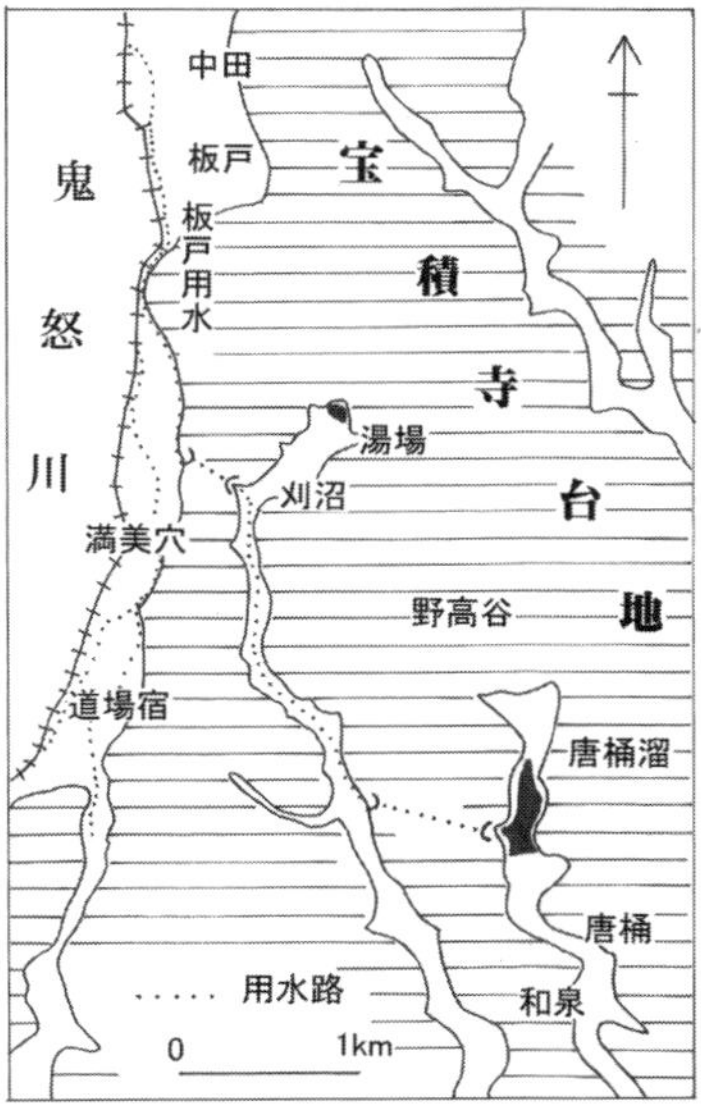

図１　鬼怒川の用水路と地形
植村（2018）による.

（1）芳賀町教育委員会編（一九八三）『芳賀町の歴史』。

ネルを掘削して用水を唐桶溜へ導水する計画（図1）をたて、自費によりこれを成し遂げた。宗山の事業から約百年後、彼の功績を称える碑文や肖像画に禹王が登場する。

まず、岡田宗山による導水事業をみてみよう。

（1）唐桶溜への導水事業

一六九〇（元禄三）年に東西両水沼村（現在の芳賀町の一部）は、板戸用水から分水して唐桶溜に引く普請願を宇都宮藩に提出したが、却下された。岡田宗山は計画を練り直し、一七〇一（元禄一四）年に再び普請を願ったが、反対する村がありこれも許可されなかった。そこで、板戸用水組合に加入するとともに、反対する諸村を説得し、現地を丹念に調査して計画を精緻に修正し、一七〇六（宝永三）年に三度目の願がやっと許可された。宗山の一七年間にわたる粘り強い行動と高潔無私の人格により、村方の信頼と賛同が得られたのである。

そして同年秋に、長さ一一〇〇余間（約二・二キロメートル）の用水路と三六〇間（約六五〇メートル）の隧道の掘削が始まった（図2）。途中で岩盤にあたって掘削不能になったものの、半田鉱山の坑夫を雇って半年間を要して掘り抜き、ついに一七〇七（宝永四）年春に竣工した。

岡田宗山は、堅い決意と緻密な計画力、名主としての村民への強い責任感により、事業を貫徹した(2)。この導水事業により鬼怒川の水は唐桶溜に届き、池を満たし、水下約六〇〇石の田は水不足から解放され、住民への恩恵は大きかった（図3）。

（2）芳賀町史編さん委員会編（二〇〇三）『芳賀町史通史編　近世』。

（2）岡田宗山の顕彰碑に登場する「禹」

第二九代・岡田八十郎亀山（清宣）は、曾祖父「宗山」の顕彰事業に取り組んだ(3)。地元出身の著名な儒学者・諸葛琴台《もろくずきんだい》(4)に事績調査を依頼し、一七八七（天明七）年八月に『導水勲績記』が完成した。文中に「宗山君之功実不在禹下也（宗山君ノ功実ニ禹ノ下ニ在ラザルナリ）」とある。二〇年後の一八〇六（文化三）年には唐桶溜岸に「導水遺蹟碑」を建立した（図4）。諸葛琴台に

図2　唐桶溜導水の出口

隧道の東出口遺構で現在は利用されていない．2015年3月．

図3　唐桶溜の現状

台地の谷間にあり，「溜池百選」に選ばれている．2017年12月．

(3)徳田浩淳（一九八三）岡田宗山と亀山、『徳田浩淳著作選集三　下野歴史物語（下）』一五九～一七二頁。

(4)諸葛琴台は一七四八（寛延元）年生まれの儒学者。一八一〇（文化七）年没。

よる宗山事績を顕彰する碑文には、「巍巍神禹盡力溝」（巍巍神禹ハ溝ニ盡力ス）、「子干纘禹功鑿崖」（子干禹功ヲ纘ギ崖ヲ鑿ス）と禹の名が二度刻まれている(5)。宗山を用水開基者として功績を後世に伝えようとする、亀山の意図が読み取れる(6)。

（3）岡田家に伝わる二つの肖像画

真岡市教育委員会の松本悟氏と二〇一五（平成二七）年三月二七日に芳賀町を訪問した。唐桶溜堤の説明板に描かれていた、聡明で不屈の意志をもつ宗山肖像画（図5）を見て感動を覚え、賛の「放棄業奉循禹跡」（業ヲ放棄シテ禹跡ヲ奉循ス）に禹の名を発見した。実物を見たいと希望していたところ、翌々年一二月四日に芳賀町教育員会の紹介により子孫の岡田純治氏宅を訪問することができた。

水沼の岡田家は冠木《かぶき》門をもつ豪壮な屋敷で、周囲に濠をめぐらしている。一七九九（寛政一一）年建立の書院の床の間に、宗山および亀山の二幅の肖像画（掛軸）が架けられていた。宗山肖像（図5）からは不屈の意思と実行力、亀山肖像（図6）からは知的で深い洞察力を強く感じた。

近世名主の歴史意識を調べた森山(6)は、両画とも一八一六（文化一三）年頃に日光の小川循

図4　唐桶溜導水遺蹟碑（中央）
溜西岸にあり，屋根架けされている．左の碑は雨乞いに池へ投げ込んだという．

（5）徳田浩淳（一九八三）諸葛琴台、『徳田浩淳著作選集三　下野歴史物語（下）』二六七〜二八〇頁。木谷幹一（二〇一五）唐桶溜導水遺蹟碑（栃木県）、「治水神・禹王研究会誌」二、六〇頁。

（6）森山泰佑（二〇一四）「近世名主の歴史意識」、筑波大学歴史学系卒業論文。

補父によって描かれ、宗山画の賛は結城藩郡奉行・松井木俣によるもの、と推定している。これが事実とすると、肖像画は宗山の死から約百年後に描かれたことになる。

一方、岡田家文書には第六代結城藩主・水野勝剛（一七八三〜一八〇〇年に藩主）が一八一五（文化一二）年に導水遺蹟碑について岡田家に贈った漢詩文がある。「遺勲如禹　水利無窮　民懐其徳　年穀常豊」（遺勲禹ノ如シ　水利ハ無窮　民ハ其徳ヲ懐ヒ　年穀常ニ豊ナリ）と記し、文末に「源勝剛　岡田清寧謹写」と記す(7)。ここにも「禹」が登場する。

以上、岡田宗山の板戸用水から唐桶溜への導水事業に関わって、三件の禹王文字遺物が発見された。石碑と勲功記は諸葛琴台、文書は当地を支配する藩主や奉行によって記されたものである。

図 5　岡田宗山肖像と賛

書き込まれた文（賛）に，禹跡の表記がある（矢印部分）．岡田純治氏蔵．

図 6　岡田亀山肖像

岡田純治氏蔵．

(7) 植村善博(二〇一八)栃木県芳賀町岡田宗山による唐桶溜導水事業と禹王文字遺物、「治水神・禹王研究会誌」五、六二〜六七頁。

いずれも岡田宗山が不屈の意志と行動力により成し遂げた献身的な導水事業とその恩沢は、「禹王」のそれに匹敵するもの、として顕彰している。

本地区の禹王遺跡と文字遺物は、岡田亀山が曾祖父・宗山の導水事業を顕彰し、岡田家の功績を不朽に伝えるための調査と建碑、肖像画製作を行ったことに起因する。そして、儒者の諸葛琴台が事績調査の報告書に「禹王」の事績を引用して宗山を顕彰したことが契機になり、碑文などに引用されたものである。したがって、地域住民と深い関わりをもつ禹王信仰ではない。

四　淀川の近代治水と建野郷三・大橋房太郎 ―多数の禹王碑が功績を語る

淀川は、近畿の二府四県にまたがる八二四〇平方キロメートルの流域面積をもち、人口約一一〇〇万人を擁する「近畿の母なる大河」である。琵琶湖を水源とする宇治川、丹波山地に発する桂川、三重県名張・上野から北上する木津川が京都盆地南部で合流し、山崎地狭から一気に大阪平野へ流れ込んでいく（図1）。港湾をもち商業と流通経済都市として躍進した大阪、天皇を擁し政治文化都市として発展した京都の、両者を結ぶ水運の動脈としても重要な機能を果たしてきた(1)。

大阪府下の淀川には明治期の水害や治水に関わる禹王碑が六件あり、江戸期の二碑を合わせ八

（1）淀川百年史編集委員会（一九七四）『淀川百年史』建設省近畿地方建設局。

件が分布する日本で最も濃密な禹王遺跡地区をなす。

（1）淀川の近代治水事業

明治維新後、明治政府は淀川の水運確保と大阪築港の事業を推進した。当時、淀川流域では繰り返し水害が発生し、土砂堆積により大阪港および京都との航路は機能が大きく低下していた。

政府はオランダの河川技術者を雇用し、工事の設計と指導監督にあたらせた。エッシャー、デ・レーケらは一八七三（明治六）年一〇月から淀川上流地域を調査し、荒廃した山と土砂流出に驚嘆し、治山と砂防なくして治水なしの信念をもった（図２）。一八七五（明治八）年からデ・レーケは荒廃した山地の植林と砂防堰堤を施工し、下流の前島では蘭式粗朶《そだ》工による水制を設置する低水工事を行った。これが日本における近代砂防・治水事業の先がけとなる(2)。当時の内務省関係者らが現地視察した写真が残る（図３）。

一八八五（明治一八）年の大阪大水害を機に淀川改修の要求運動が繰り広げられ、一八九一年

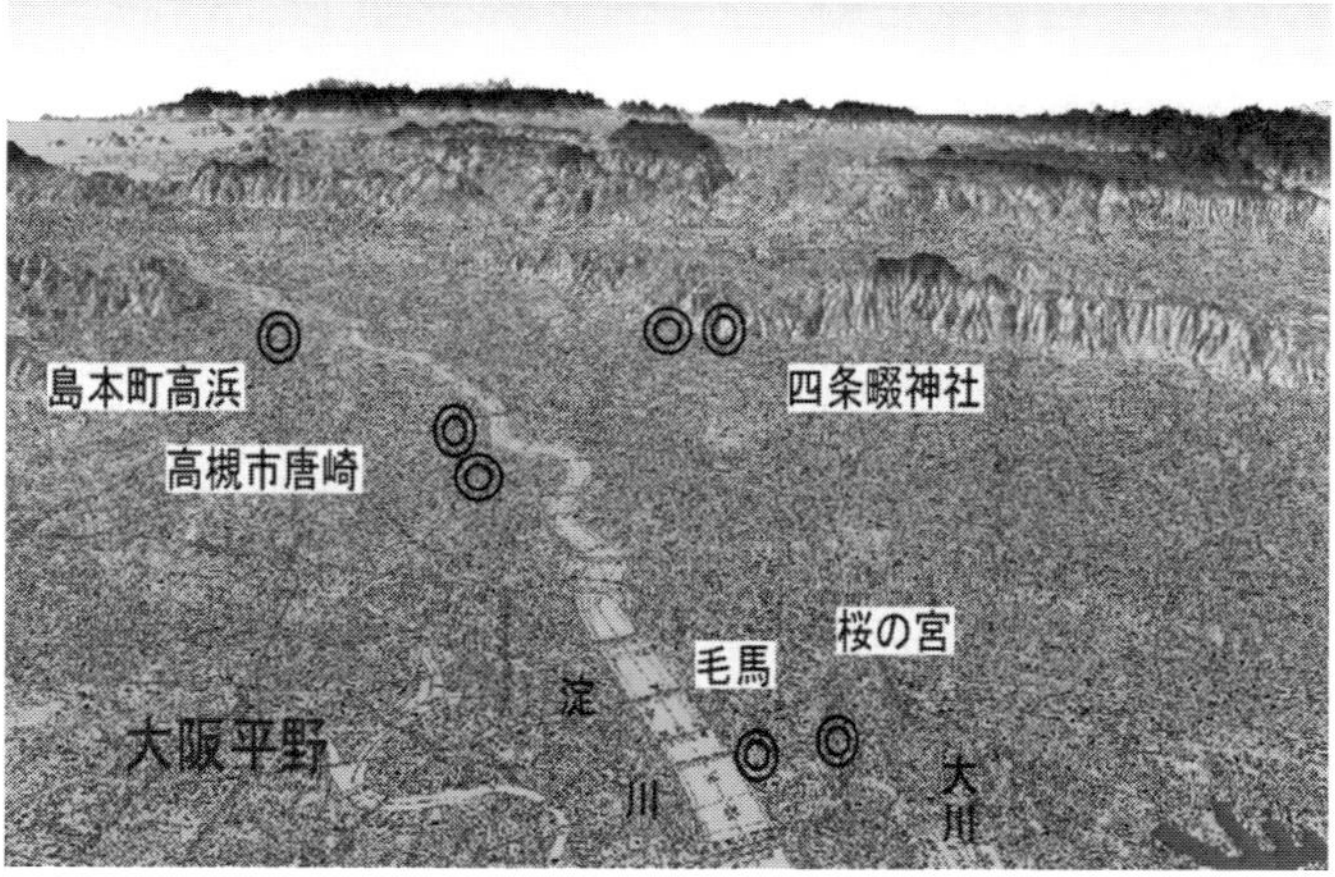

図１　大阪平野の鳥瞰図（西から東を見る）
◎は禹王遺跡の位置．カシミール3Dにより作成．

（2）木曽川下流工事事務所（一九八七）『デ・レーケの業績』。上林好之（一九九九）『日本の川を甦らせた技師デ・レイケ』草思社。

に第五区土木監督署長の沖野忠雄に淀川高水防禦工事の計画が命じられた。一八九六年に国営淀川改良工事が議会で承認された(3)。日本人技師が指導・施工し、最先端の技術や機械を投入したわが国最初の国営改良事業が開始された。一九〇九（明治四二）年四月に竣工、一四年間で一〇〇九万円を費やした。

図 2　木津川支流，不動川上流のはげ山と砂防工事（明治 10 年代）
京都学・歴彩館蔵.

図 3　淀川流域砂防工事巡視中のデ・レーケ（前列中央）
その左は松方正義内務卿，右は石井土木局長．1880 年の記念撮影．淀川左岸水害豫防組合誌 中編（1929）による．

（3）土木学会土木図書館委員会編（二〇一〇）『沖野忠雄と明治改修』。真田秀吉（一九五九）『内務省直轄土木工事略史 沖野博士伝』。

（2）「明治元年水害」・「明治一八年水害」の記念碑

「明治元年水害」と呼ばれる大水害が、一八六八（慶応四）年五月に発生した。木津川の生津で大決壊したため、二年後に流路付け替え工事を実施した。また、淀川右岸の高槻市檜尾《ひお》川や唐崎でも破堤し、下流の右岸低地が全面的に浸水した。当時、大阪府権大判事・関義臣《よしおみ》は堤防修築に尽力し、現地で一日約三千人を使役して、約百日間で堅固な堤防を完成させたという。その二二年後の一八九〇（明治二三）年、地元の三箇牧村長ら住民を中心に、関の治水功績を不朽にするため、「明治戊辰《ぼしん》唐崎築堤碑」が建てられた（図４）。淀川堤防に置かれた碑は高さ三・九メートルの巨大な花崗岩製で、碑文には「一片豊碑是禹廟」と刻まれ、堤防安置を祈願するものだ。

図４　高槻市唐崎の
明治戊辰唐崎築堤碑（左）と修堤碑（右）
2017年10月.

「明治一八年水害」は一八八五年六・七月に大阪を襲った衝撃的な大水害である。六月一七日深夜、枚方市伊加賀の淀川堤防が約六〇間（約百メートル）決壊し、茨田《まんだ》・讃良《さんら》両郡など河内平野の北半分が全面浸水した(4)。多数の住民が堤防や寺などに避難を余儀なくされた。大阪府知事・

（４）大阪府（一八八七）『洪水志』。

建野郷三（図５）は停滞水を排除するため野田村の大川堤防を切り開く作業を直接指揮した。このため浸水が速やかに排除され、被害を軽減させている。この地点は一八〇二（享和二）年・一八〇七（文化四）年の洪水時にも、「わざと切り」と称し堤防切開を実施した場所であった。

復旧途上の六月二八日から再び台風襲来による大雨となり、七月二日修復寸前の伊加賀堤防が再破堤、濁流は寝屋川の横堤防を徳庵で破壊して南部へ流れこみ、大和川以北の全河内平野が湖水と化した（図６）。大川に架かる橋はすべて流失して南北交通が途絶し、越流した濁水は大阪市街地に流れこんだ（図７）。さらに、高潮による海水と合わさって東西南北各区と西成郡全域を水没させた。この二回の水害により死者八一名、流失一七四九戸、浸水は七万二五〇九戸にも

図５　大阪府知事・建野郷三
1842 年小倉生まれ．1880 ～ 1889 年の間，大阪府知事．1908 年に没す．淀川左岸水害豫防組合誌 中編（1929）による．

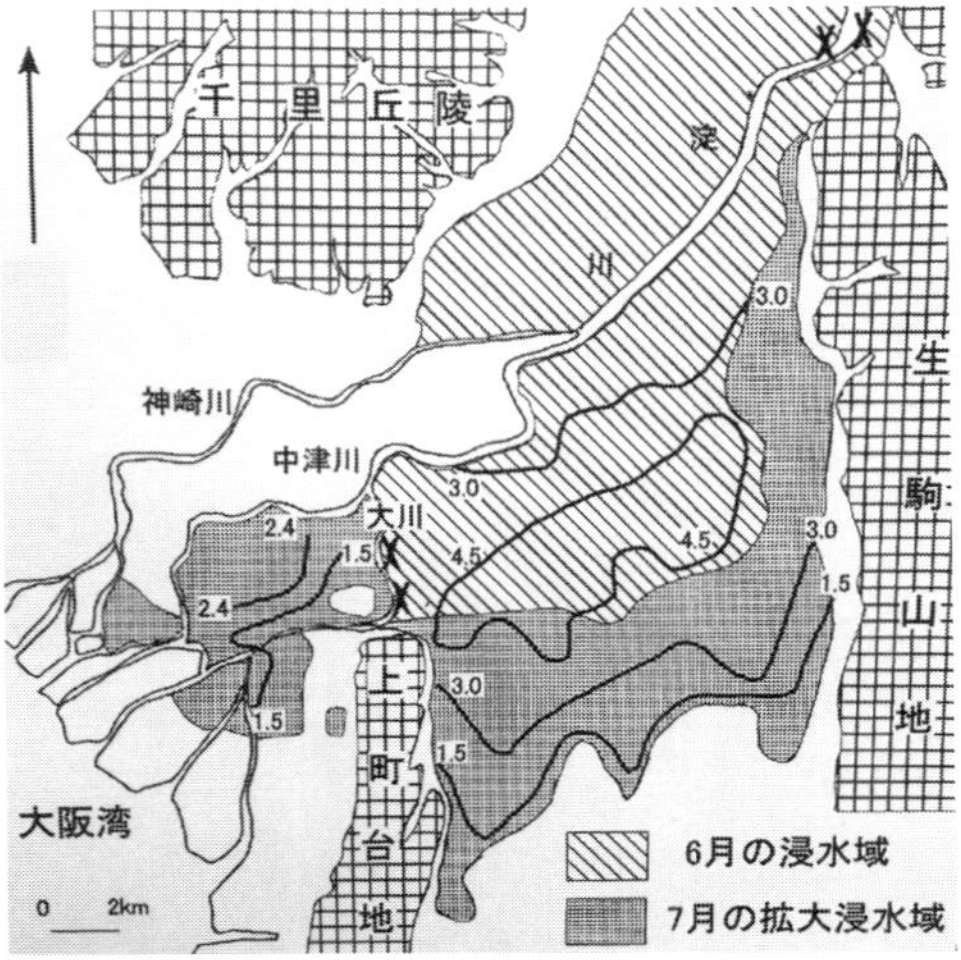

図６　明治 18 年水害による浸水域と浸水深（m）
X は破堤地点．植村（2017）による．

図 7　明治 18 年水害による天満橋の流失

背後の煙突群は造幣局．大阪府立中之島図書館蔵『明治拾八年大阪府水害写真帳』による．

図 8　伊加賀における決壊所新堤修築の図

『洪水志』（1866）の石版画による．

達した。この大水害の惨事は大阪府の「洪水志」にまとめられ、写真やかわら版により記録されている(5)。

当時の建野知事は機敏かつ適切な対応をとり、被災者に食糧・衣服などを支給して被災者救援に尽力するとともに、淀川堤防の修復に全力を注いだ。伊加賀の破堤地では内務省や陸軍と調整し堤防の早期修復を成し遂げ、囚人や住民の労力などを用いて右岸堤防の新築補強を強行している(図8)。

この大水害の惨状と知事の獅子奮迅の活躍を後世に伝えるため、四つの記念碑が建てられた(6)。まず、一八八六(明治一九)年三月に破堤した大川左岸の桜宮神社に「澱川洪水紀念碑銘」が建つ。碑文は建野知事の功績を述べた後「大水来襄丘陵　微伯禹人咸魚」と彼を伯禹にたとえる。同年七月には高槻市唐崎に「修堤碑」が建てられた。建野知事が右岸堤約二四キロメートルの修築を計画し、地元民らのべ約四〇万人を使役して五カ月間で完成させたことを記す(図9)。文末に「雖大禹不過此也」と禹王より優れた功績だと褒め称えた。

同年七月、寝屋川市木屋に「赤井堤紀念碑」、東大阪市徳庵に洪水記念碑(無名)が相次いで建てられている。さらに、同年一一月には枚方市伊加賀の決壊跡に巨大な「明治十八季洪水碑」(図10)が建立された。以上の三件は禹王碑ではない。しかし、いずれも碑が淀川堤防の決壊地点に建てられ、水害の惨状と建野知事の功績を伝えるとともに、今後も破堤が発生しやすい堤防弱点を示す「警告の碑」ともなっている。

(5)植村善博(二〇一六)明治一八年大阪水害の被害と記録写真、「佛教大学歴史学部論集」六、一～一一頁。植村善博(二〇一七)明治一八年大阪水害のかわら版について、「佛教大学歴史学部論集」七、一～一八頁。

(6)片山正彦(二〇一七)明治一八年の淀川洪水と北河内―現門真市域を中心に―、「京都歴史災害研究」一八、一七～二七頁。片山正彦(二〇一八)淀川の近代治水事業と禹王遺跡、「地理」六三―一一(特集：日本の禹王遺跡と治水神信仰)、三二～三七頁。

明治一八年水害に関わる碑は、徳庵の無名碑以外の四碑はすべて紀州の青石（結晶片岩）を用い建野自らの筆による碑名が刻まれていること、建碑には郡長・村長をはじめ受益地域の代表者らが発起人となっている点で共通する。これらは偶然の一致ではなく、統一的な意図のもとに記念碑が設置されたことを意味する。

一方、一八九六（明治二九）年に認可された国営淀川改良工事は、日露戦争をはさんで一九〇九（明治四二）年に竣工した。同年六月一日毛馬閘門横で沿岸住民約千人が参列して盛大な式典を挙行した。これを記念する「淀川改修紀功碑」が、北区長柄三丁目の広場に

図 9　高槻市唐崎修堤碑の拓本
淀川資料館蔵.

図 10　枚方市枚方大橋南詰の明治十八季洪水碑

天を突くようにそびえている（図11）。ここは旧淀川（大川）と新淀川放水路との分岐点で、大堰と閘門が設置された淀川治水の要所である。大阪官民有志により建立された「淀川改修紀功碑」は高さ九・六メートルの花崗岩製ロケット型石塔で、下部には改修工事の経過と指導監督した沖野忠雄を称賛する銘文が刻まれている(7)。すなわち、国営改修工事は「以称神禹之功」（神禹の治水事績に値する）、と賛辞を記す。近代治水事業では治水神信仰を否定したが、禹王治水を称賛の比喩として修辞的に利用する例は少なくない。

図11　大阪市北区長柄3丁目の淀川改修紀功碑
下部に銅銘板がある．
1909年建立．

（7）武岡充忠（一九三一）『淀川治水誌』、淀川治水誌刊行会。

（3）治水運動に命をかけた大橋房太郎の「治水翁碑」

生駒山の麓、JR学園都市線の四条畷《しじょうなわて》駅の東、飯盛山南麓に四條畷神社がある。一八九〇（明治二三）年に地元民らの運動により、楠正行《くすのきまさつら》らを祭神として創建された。境内からは遠く大阪平野の全貌が見渡せる。

ここに淀川治水運動に命をかけた大橋房太郎の顕彰碑が二つ並んで立つ。向かって左が大きく白い「淀川治水功労者大橋房太郎君紀功碑」（略して「紀功碑」）、右は小ぶりで黒い「治水翁碑」

である（図12）。

大橋房太郎(8)は大阪東郊の榎木村放出《はなてん》に生まれた。二三歳のとき上京して鳩山和夫博士の書生となり、裁判官になるべく法学修行中であった。彼の運命を変えたのが「明治一八年水害」であった。大橋は地元の悲惨な水害状況を聞くや東京から急きょ帰郷し、生涯を淀川治水事業の促進に賭けることを決意した。その後、放出戸長、榎木村長を務め一八九一（明治二四）年に大阪府会議員となり、強い意志と熱い情熱をもって淀川改修の必要性を国・府・流域住民らに訴え、治水要求運動の中心となって活躍を続けた(9)。運動は大阪・京都・滋賀の上下流域三知事が足並みを揃えて国に改修を陳情するまでになり、全国的な国営河川改修事業実現への原動力となった。一八九六年二月二四日に埼玉県議員・湯本義憲が建議して淀川などの国営改修が議会を通過し、ついで河川に関する包括的法規を定めた河川法が三月二五日に決定されたのだった(3)。

大橋は献身的な治水要求活動に邁進したことにより、自身の家運を傾け困窮した。しかし、一九〇三（明治三六）年藍綬褒章《らんじゅほうしょう》、一九二二（大正一一）年には同賞の

図 12　四條畷神社の淀川治水功労者
大橋房太郎君紀功碑（左）と治水翁碑（右）

(8) 大橋房太郎は一八六〇（万延元）年生まれ、一九三五（昭和一〇）年没。

(9) 松村道三郎（一九五七）『放出の太閤』。小川清（二〇一〇）『淀川の治水翁　大橋房太郎』、東方出版。

飾板が下賜されている。これを機に大橋の治水貢献に対する顕彰活動が盛り上った。一九二三年一月大阪府会議員有志から寿像を贈られ、同年六月一日に大阪官民有志二四一名の発起により「紀功碑」が建立された。揮毫は内務大臣・水野錬太郎、碑文には「大禹ノ水ヲ治ムルヤ十三年家門ヲ過グルモ入ラザル」と勤勉な禹王の治水事績に喩えている。また、同年八月五日に大阪緑藍会員らが「治水翁碑」を建てた。後藤新平による「治水翁碑」の篆額が強い印象を与える。大阪府知事・土岐嘉平による碑文には「亦是頡頏神禹功　衆遂呼君以治水翁」と記し、禹王の功績に匹敵し「治水翁」と呼ぶようになったと述べる。

これ以後、大橋には「淀川の治水翁」の愛称が定着していく。当時、大橋は六三歳の存命中で碑の前に建つ写真が残されている(図13)。治水神禹王に比喩され「治水翁」と顕彰された大橋は、まさに生命をかけて治水運動に没頭した功労者といえよう。

図 13　大橋房太郎と建立直後の記念碑

淀川左岸水害豫防組合誌 前編（1926）による．

第5章　禹王文化の諸相

□ 福島県伊達市に禹父山の地名が、なぜあるのか？

□ 岡山県倉敷市に産する「禹余糧石」とはいかなるものか？

□ 日本庭園の「禹門」とは？

□ 京都御所の禹王襖絵はなぜ描かれたか？

□ 群馬県片品村と宮城県加美町の岣嶁《こうろう》碑は中国からどのように伝わったのか？

□ 沖縄の禹王碑は、本土のものと、どう違うのか？

「治水神・禹王」や「禹王信仰」の視点から、禹王遺跡を紹介・考察してきた。日本の禹王遺跡の大多数は「治水」との関係で説明できる。しかし、治水とまったく無縁な事例も各地に存在している。ここでは治水以外の由来をもつ禹王をとり上げ、地域史との関係を明らかにし、禹王が地域の文化要素としてどのような意味をもっているのかを探ってみよう。

一　福島県伊達市の「禹父山《うち》」

(1) 高子二十境

不思議な地名である。禹父《うち》とは、堯《ぎょう》帝から黄河の治水を命じられたが九年かけても成果をあげられず殺された、禹の父・鯀《こん》をさす。それを山名にするとは！　深い訳があるに違いない。

ＪＲ福島駅で阿武隈急行の一両電車に乗り換え、約二〇分で高子駅に到着すると、案内をお願いした松浦丹次郎氏が待っていてくれた。田と森がひろがる静かな駅風景だった（図1）。教育委員会に勤めておられた松浦氏は郷土史に詳しく、著書『高子二十境』(1)によって名前を知った。伊達市高子二十境のひとつが「禹父山《うちさん》」である。

最初にこの話の主人公・熊阪家の墓地を訪ねた（図2）。熊阪家は高子村の豪農（持高一五〇石）で、熊阪覇陵《はりょう》(2)が保原町中村の生家から結婚を機に分家して移り住んだのは一七三五（享保

(1)　松浦丹次郎（二〇一二）『ふくしま伊達の名勝高子二十境～高子熊阪家と白雲館文学』、土龍社。

二〇）年である。覇陵は学問を好み、子の台州《たいしゅう》(2)、孫の盤谷《はんこく》(2)とともに三代つづいて儒学や漢詩に造詣の深い学者一族として知られ、万巻の書物を集め門下生に教授したという(3)。また、飢饉の際には多くの布施を行って積善の家と呼ばれ、熊阪神と刻んだ石碑が地元の祠に祀られている。

覇陵は高子の自宅を白雲館と名づけ、四〇歳頃に家督を台州に譲って隠居生活に入った。そして、

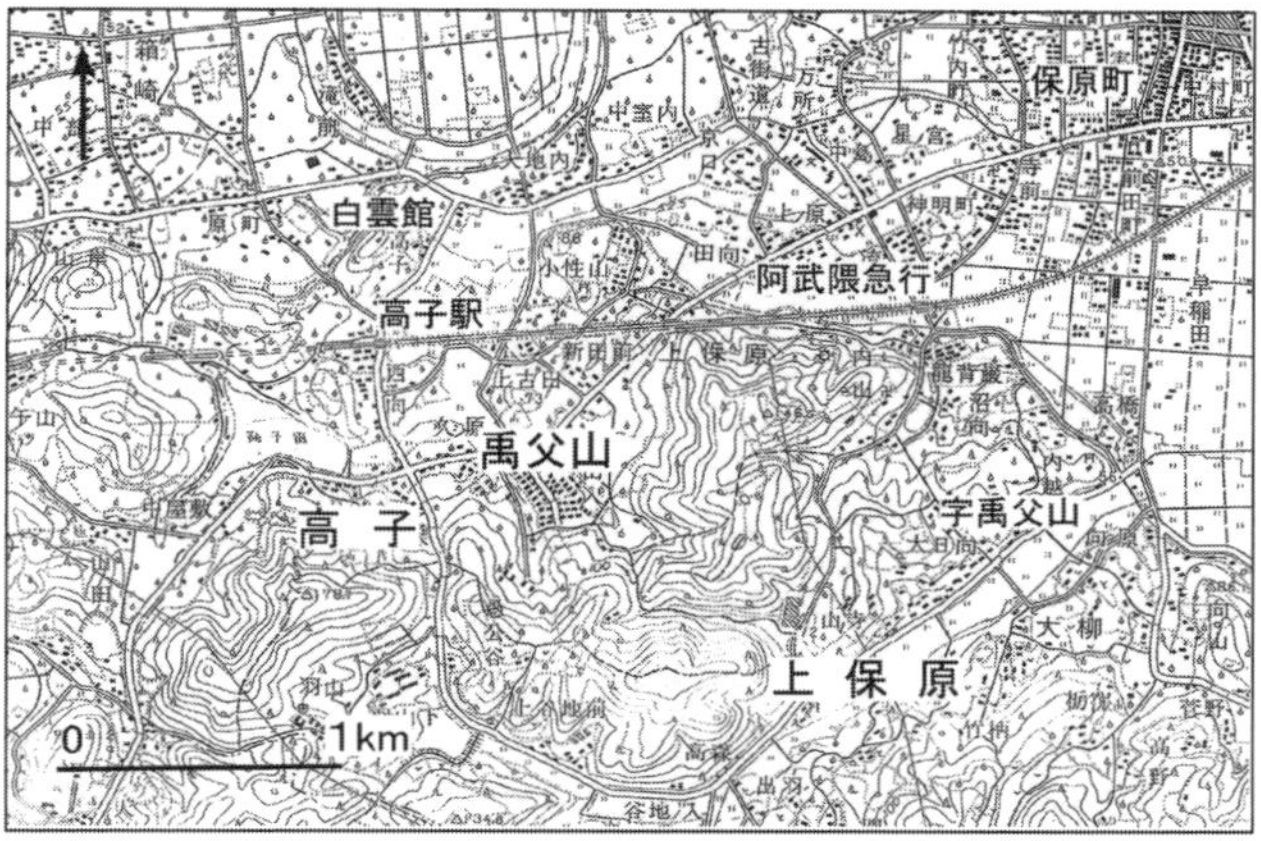

図 1　二つの禹父山の位置

伊達市高子および上保原付近．2.5 万分の 1「保原」に加筆．

図 2　熊阪家の墓地

前列手前から右へ，覇陵，台州，盤谷三代の墓碑．2015 年 10 月．

(2) 熊阪覇陵は一七〇九（宝永六）年生まれ、一七六四（宝暦一四）年没。子の台州は一七三〇（享保一五）年生まれ、一八〇三（享和三）年没、孫の盤谷は一七六七（明和四）年生まれ、一八三〇（文政一三）年没。

(3) 白雲館研究会編（一九八九）『白雲館墓碣銘』。

周辺の山や丘、谷など二〇を選んで名をつけ、高子二十境と称して漢詩を詠んで楽しんだ。これには「禹父山《うちさん》」をはじめ白鷺峰《はくろほう》・走馬嶺《そうまれい》・拾翠崖《じゅうすいがい》・愚公谷《ぐこうこく》・狸首岡《りしゅこう》などの地形名が含まれており、

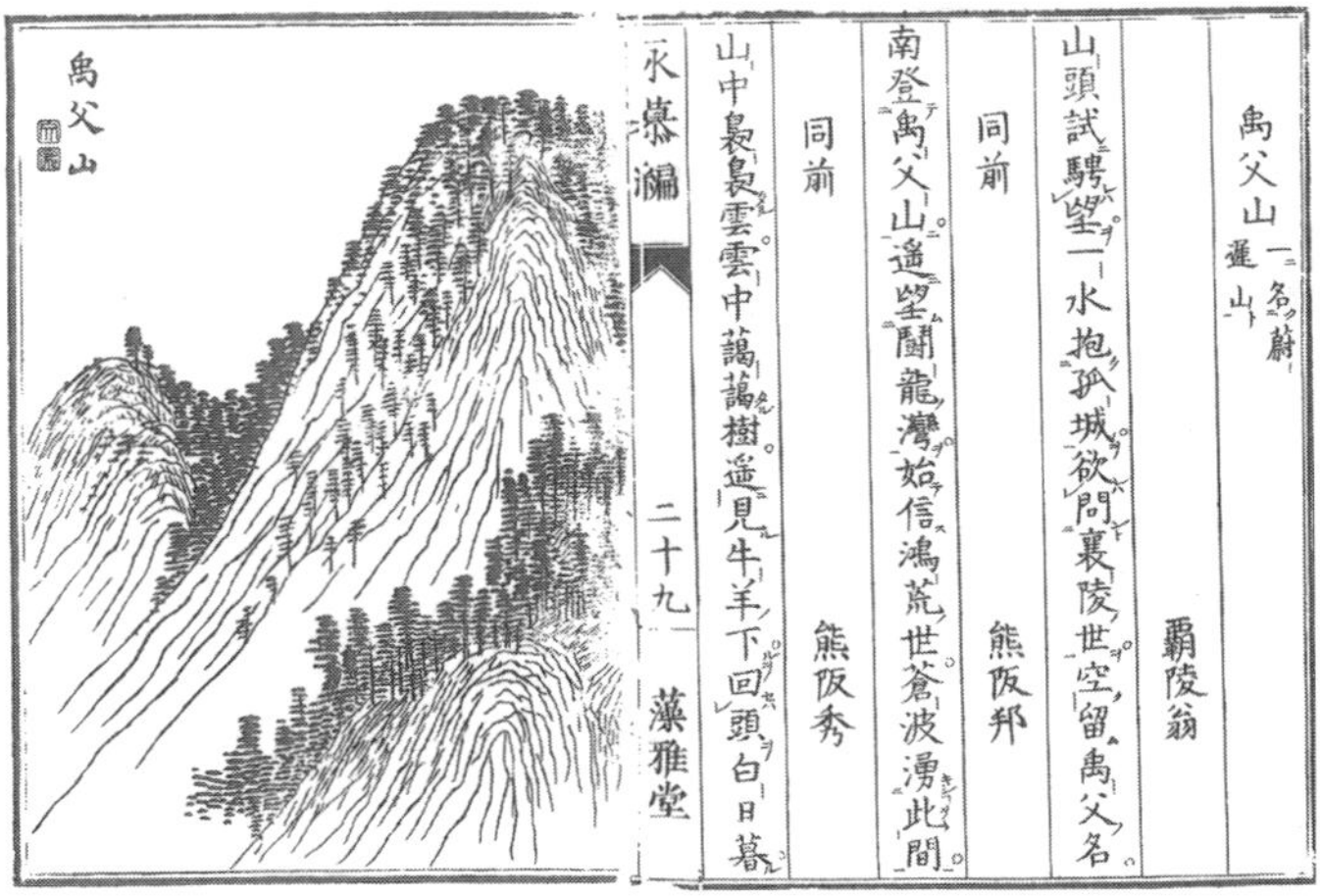

図 3　谷文晁による禹父山の挿絵と覇陵らの漢詩
『永慕編』より.

図 4　内山（背後の丘陵）と禹父山（矢印の低い岡）
2015 年 10 月.

高子村の自然地物に対する覇陵の心象風景ともいうべき名称である。二十境は唐の自然詩人・王維(4)が長安の東南約五〇キロメートル位置する輞川《もうせん》の別荘付近の景観に命名した「輞川《もうせん》二十景」をふまえたものだ。覇陵の死後二〇年目にあたる一七八八（天明八）年に、子の台州が漢詩集『永慕編』を江戸の崇文堂から出版した。これには「漢詩集高子二十境記」、および覇陵・台州・盤谷が詠んだ二十境の漢詩六〇首と、後に谷文晁による挿絵を入れた「二十境図併詩」が含まれる。

図3は谷文晁が描いた「禹父山」と熊阪氏三代の漢詩である。岩と針葉樹に覆われた孤立峰として画かれている。高子村「禹父山」は白雲館から望める小丘で、現在では狸首岡《りしゅこう》と呼ばれている。その背後に内山入と称する官林の山があることから、覇陵がしゃれて「禹父《うち》」の字をあてて命名したのだ（図4）。そうだとすると、禹王治水とは無縁の地名である。命名は覇陵が隠居生活をしていた一七五七～一七六四年間（宝暦七～一四年）であり、『永慕編』出版後にその名が定着していった。

（2）禹父山地名の混乱

「禹父山」の由来は明らかになった。しかし、維新後に大きな混乱が生じることになる。福島県では一八七五（明治八）年一一月に地租改正を通達し、翌年から耕地と居宅の調査を開始。山野改正は一八七八（明治一一）年に実施された。地籍図製作者らは字名のない山野に地名を付す必要に迫られ、覇陵の「高子二十境」から一八の名称を字名として採用したのだった(5)。とこ

（4）王維は七〇一年生まれ、七六一年没。唐代の著名な詩人。

（5）安田初雄（一九九三）熊坂覇陵の二十境と所謂「高子二十境」、「福島大教育学部論集」五四、八三～九八頁。

ろが、一一の字名は本来の位置とは異なる地物にあてられ、そのうち五件は東隣の旧上保原村のものにつけられてしまった（図5）。「禹父山」は本来白雲館から約六〇〇メートル東南の小丘で

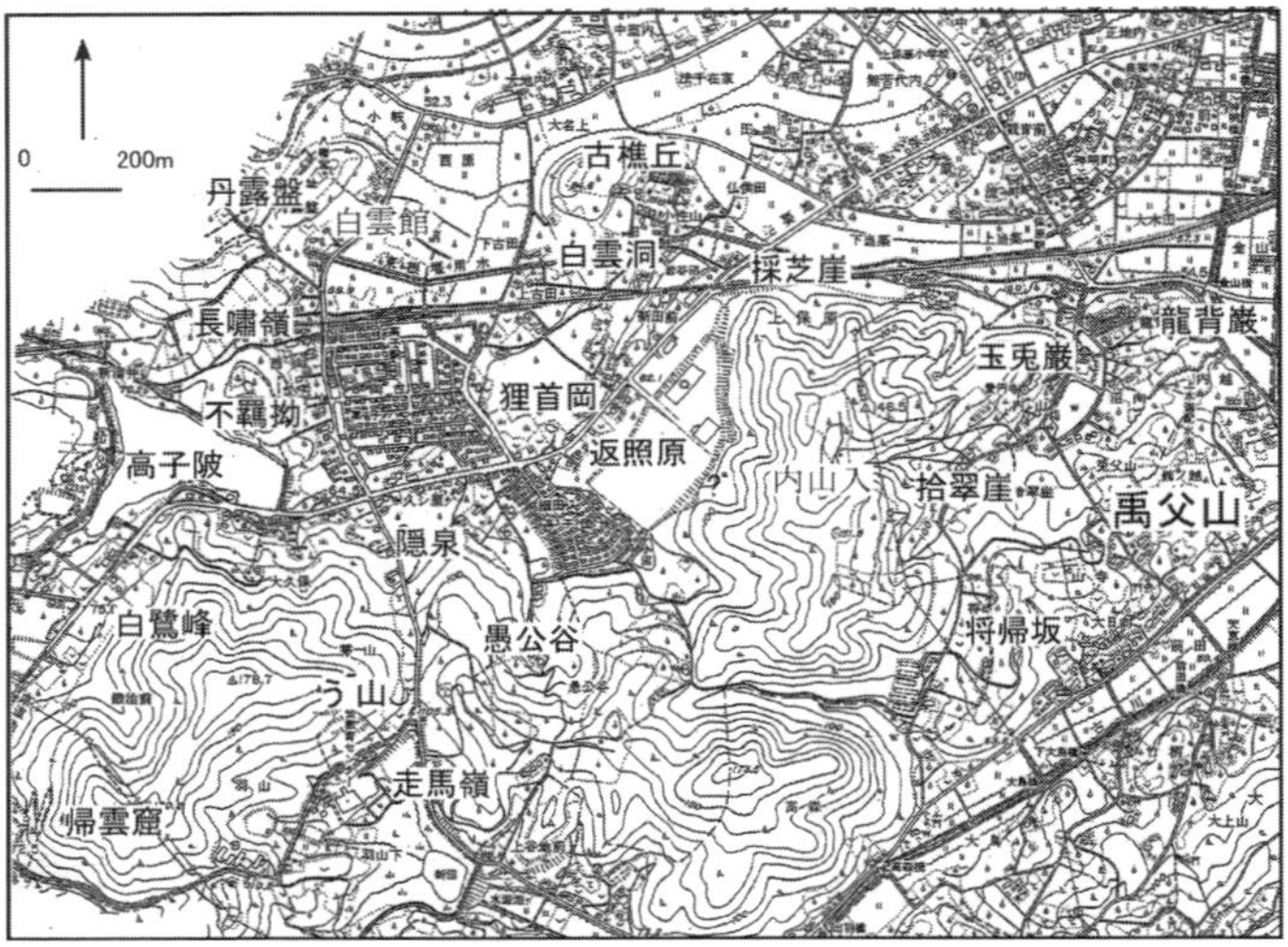

図5　明治期につけられた字地名の位置

図6　禹父山（うぼさん）の標柱
2015年10月.

あるがこれには狸首岡《りしゅこう》をあて、ここから東南東へ約一・八キロメートルも離れた内山の東側にある小山に「禹父山」をつけてしまった（図5）。

今日ではこれら地籍上の字名は定着しており、位置の相違や由来などは問題にならない。しかし、歴史的な問題が生じてきた。すなわち一九九一（平成三）年に上保原ロータリークラブが結成二〇周年記念事業として地籍図の字名の位置に「高子二十境」の標柱を建立したのである。「禹父山」には「うぼさん」のルビを付している（図6）。これを契機に二十境が再認識され、伊達市や同市観光物産協会などが「高子二十境めぐり」や「高子ウォークコース」を設定して地図やパンフレットを作成・配布した。このため、歴史散策に訪れる観光客が増加して関心が高まってきている。

ここで地名の二重性が問題となる。旧高子村周辺の美しい箱庭的景観にあてられた高子二十境中一一の地名が本来とは異なる場所につけられており、両者の異同を放置できなくなってきたのだ。松浦氏は覇陵が高子周辺に命名した本来の「高子二十境」に対して、字名になり標柱の設置されたものを「上保原二十境」と呼んで区別すべきだと提案されている(1)。筆者もこれに賛成したい(6)。

伊達地方の篤農家で文人でもあった熊阪覇陵による、優雅な遊びの二十境地名・「禹父山」が、その後に別の地物の字名に指定され定着した珍しい例である。一方、当時の地方の文人や学者に禹の名が周知されていたことの反映といえよう。

(6) 植村善博(二〇一六)禹王地名の研究意義―伊達市禹父山および倉敷市禹余糧山―、「治水神・禹王研究会誌」三、一一～一一頁。

二　岡山県倉敷市の「禹余糧石」と「禹余糧山」

（1）倉敷市二子

二〇一三（平成二五）年高松市の第三回禹王サミットで、香川県埋文センターの木下晴一氏と知り合った。彼から一九二五（大正一四）年の岡山県調査報告書(1)のコピーが送られてきたので、一見した後、資料棚に保管していた。

二年後、気になることがあり再読すると、驚くべき記述が目に止まった。倉敷市二子の山から固い殻をもつ団子状の「禹餘糧《うよりよう》」（図1：以後「禹余糧石《うよりようせき》」と記す）を産し、地元では二子茶ノ子と呼び、なかの白い粘土をなめると飢餓に耐えると信じられているという。大雨後に山へ採取にいく人もあり、学術上貴重なので保存する必要があるという内容だ(1)。

さっそく倉敷市教育員会に問いあわせると、そんな記念物はないが二子付近の地図を送る、ということで終わってしまった。やむなく、他の文献で「禹余糧石」に関する記載をあたってみた。

薬石研究で著名な益富壽之助の『石—昭和雲根誌—』に、「禹余粮」と「大一禹余粮」の記載があった(2)。後漢末の最古の薬物書『神農

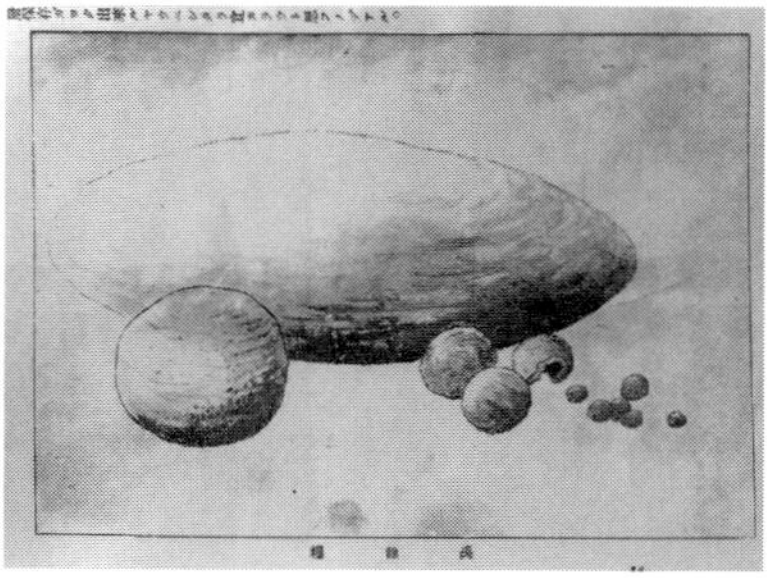

図1　禹餘糧

いろいろな団子状の石が産した．岡山県（1925）による．

(1) 岡山県史蹟名勝天然記念物調査会（一九二五）禹餘糧、「岡山県史蹟名勝天然記念物調査報告書」第五冊、四八～五〇頁。

本草経』（紀元三世紀頃）に記載された薬石で、セキや発熱・止血などに効果があり、成分は珪酸アルミニウムだという。この名は、治水を終えた禹王が余った食糧を会稽山に残したものが後に石になった、という伝説に由来する（図2）。また、正倉院薬物の目録『種々薬帳』に記載される六十種のなかに、「禹余粮一斤九両二分」と「大一禹余粮二斤十二両」と記されている。正倉院では両者ともほとんど使われてしまっていた[3]。奈良市内を歩いている途中、奈良町で古い店舗の菊岡漢方薬局を発見し、ご主人に聞いてみると本物の「禹余糧石」をだしてくださった。すごい！　とうれしくなった経験がある。

二〇一五年五月二三日、木下氏からいただいた岡山県の報告書をもって、二子へ行ってみた。岡山をでた電車は郊外の田園風景を走り、JR中庄《なかしょう》駅についた（図3）。さびれた駅だろうとの予想ははずれ、多くの若者が行きかう活気ある駅前の空気に驚いた。ここは某医科大学と付属病院などをもつ、医療学園都市であった。歩いて二子の公民館へ行くと、ちょうど会議を終えた人たちがでてこられた。「禹余糧石」について尋ねてみたが、誰もご存じない。最後に出てきた人に小声で聞くと、知っているとおっしゃる。塩田純一郎氏との出会いである。

報告書の塩田米造は自分の祖父で、以前は山の粘土を採掘しレンガ工場に売っており、大原美術館などにも使われたという。「禹余糧石」の出る場所はゴルフ場の建設で破壊されてもう産

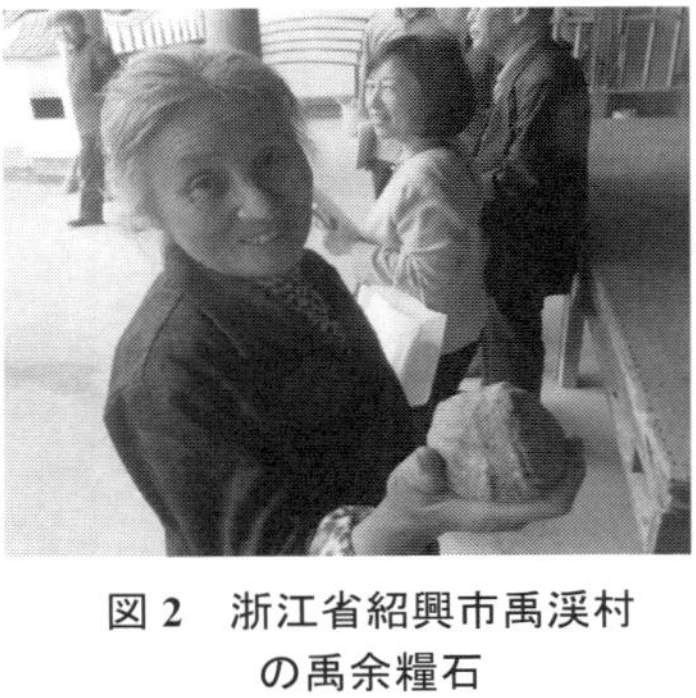

図2　浙江省紹興市禹渓村の禹余糧石

禹王廟で婦人が大切そうに持つ．ふるとコロコロ音をたてる．2018年4月．

（2）益富壽之助（一九六七）禹余粮と大一禹余粮、『石―昭和雲根誌―』白川書院、七二〜八六頁。

（3）益富壽之助（一九五八）『正倉院薬物を中心とする古代石薬の研究』日本鉱物趣味の会。

図 3　二子と高島居山の地形図
2.5 万分の 1 地形図「倉敷」に加筆.

しないが、山へ案内してあげようと、車で標高一五〇メートルほどの高島居山へ運んでくださった（図３）。

山頂には花崗岩の巨石と鳥居や祠の跡があり、稜線を歩くと砂岩や泥岩が低部を埋めて堆積している。この地層は中新世備北層群で、この層から薬石が産したのだと推定できた。森が突然切れた所からゴルフ場が広がり、「禹余糧石」の産地は跡形もなく消えていた（図４）。ここが「禹

図 4　禹余糧山の遠景
山頂付近はゴルフ場になっている（東からの眺望）. 2015 年 8 月.

余糧山」と呼ばれることを後日知ることになる。

この日は「禹余糧石」に会うことはできず、産地も消えてしまっていた。もし「禹余糧石」の情報があったら知らせて下さい、と塩田氏に依頼して中庄駅で別れた。

（2）両児神社の「禹余糧石」

三カ月後の八月、塩田氏から電話があった。神社に「禹余糧石」が保管されていると聞いたが自分も見たことがない、来ますか？　との内容だった。即、行きます、と返事した。ほぼ諦めていた「禹余糧石」に出会えるとは、夢のような話である。

案内くださったのは、松島の両児《ふたご》神社であった。小丘の上に社があり、隣には病院の巨大なビルが迫っている。本神社は松島など旧万寿荘の産土《うぶすな》神で、もとは高鳥居山の山頂に五座八幡宮として鎮座していたという。平安時代の一〇二四（万寿元）年、海中の小島であった松島に神光がひいたため、この地へ移転したという。神功《じんぐう》皇后(4)の伝承をもち、藺草《いぐさ》の神としても知られている。

井上博文宮司が大切に保管された木箱を出して来られた。なかには大きく美しい卵形の「禹余糧石」が入っていた（図5）。表面はつるつるした、厚さ約三ミリメートルの褐鉄鉱殻をもち、割目から白色粘土がつまっているのがわかる（図6）。一九三三（昭和八）年、まれにみる美形のものが産したため、二子の坪井藤八氏が奉献されたと記す。前述の益富壽之助の研究(2)によ

（4）神功皇后は『古事記』『日本書紀』で一四代仲哀天皇の皇后とされるが、女帝として三韓征伐を行ったなどの伝説もつ。各地に関連する伝承や信仰が残り、明治期には紙幣や切手にも描かれた。

ると、地中から産するものは団子石、振るとコロコロ音を発するものを鳴り石、鈴石などと呼んでいる。地層中の水酸化鉄が核を中心に吸着して成長してできたものである。

（3）「禹余糧山」の由来

つぎに石の産地名を確認するため、倉敷法務局を訪ねた。明治期作成の二子の地籍図を閲覧したところ、高鳥居山付近の実測図に「四拾壱番字禹余糧山」の記載が確認できた（図7）。石の名前だけでなく、山の字名にもなっているのだ。神秘的な薬石を産することから不老不死の神仙思想の影響によって、産地を「禹余糧山」と名づけたのではないだろうか(5)。

そもそも、二子ではいかなる理由から「禹余糧石」と名づけられたのかについて、確認できる史料はほとんどない。当地は近世旗本・戸川氏領であり、近隣の岡山藩では一七八〇年代の天明飢饉以後、加損米制度などにより藩財政が悪化し、農村では水害や蝗《こう》害(6)などの災害が多発して疫病や飢餓、

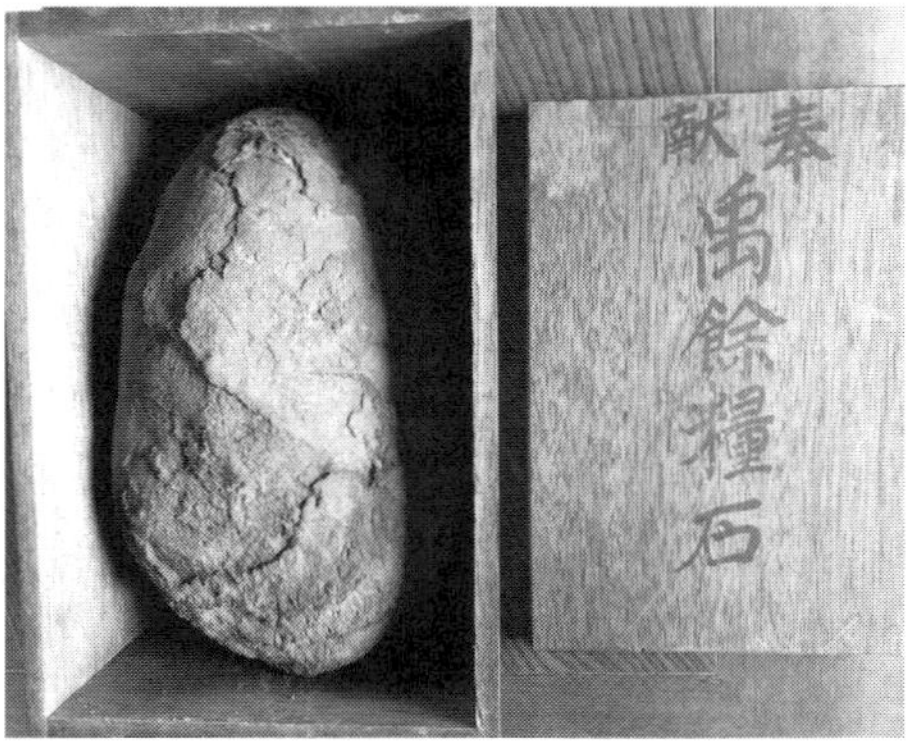

図5　両児神社に奉献された禹余糧石
縦34cm，横22cm．二子の坪井藤八氏により1937年に奉献．

図6　禹余糧石の褐鉄鉱皮殻と充填物
白色粘土質で，これを食すると飢餓に耐えうると信じられた．2015年8月．

(5) 植村善博（二〇一六）禹余糧石と禹余糧山、『歴史学への招待』世界思想社、一八七～一九四頁。

(6) 蝗害とはイナゴなどの虫の大発生による作物被害。現代日本では発生は稀な自然災害だが、近代化以前はしばしば発生していた。

一揆や逃散などが頻発した。そのピークは一八三〇年代の天保の大凶作期で、餓死者も多数でている(7)。二子も同様の悲惨な状況であっただろう。

このような危機的状況のなか、石殻内の白粘土をなめれば飢えに耐えうるという仙薬伝承が生まれたと推定される。当時、岡山藩内の農村を中心に地神信仰が急激に浸透していったといわれる(8)。これは五穀豊穣を祈願する堅牢《けんろう》地神《ちしん》の石碑を建てる新たな信仰で、天保・文政期に最も多く建立されている。倉敷市近辺でも一〇碑の存在が知られる。近世後期の農村の危機を乗り切る妙案として「禹余糧石」が創作・利用され、産地の山名として命名されるようになったのではないだろうか。

倉敷市の「禹余糧石」の事例は、これまで述べてきた治水とはまったく異質な、薬石として禹王の名が地域で珍重・信仰された唯一の例である。今後、その命名の由来や経緯、時代背景などについてさらなる検討が期待される。

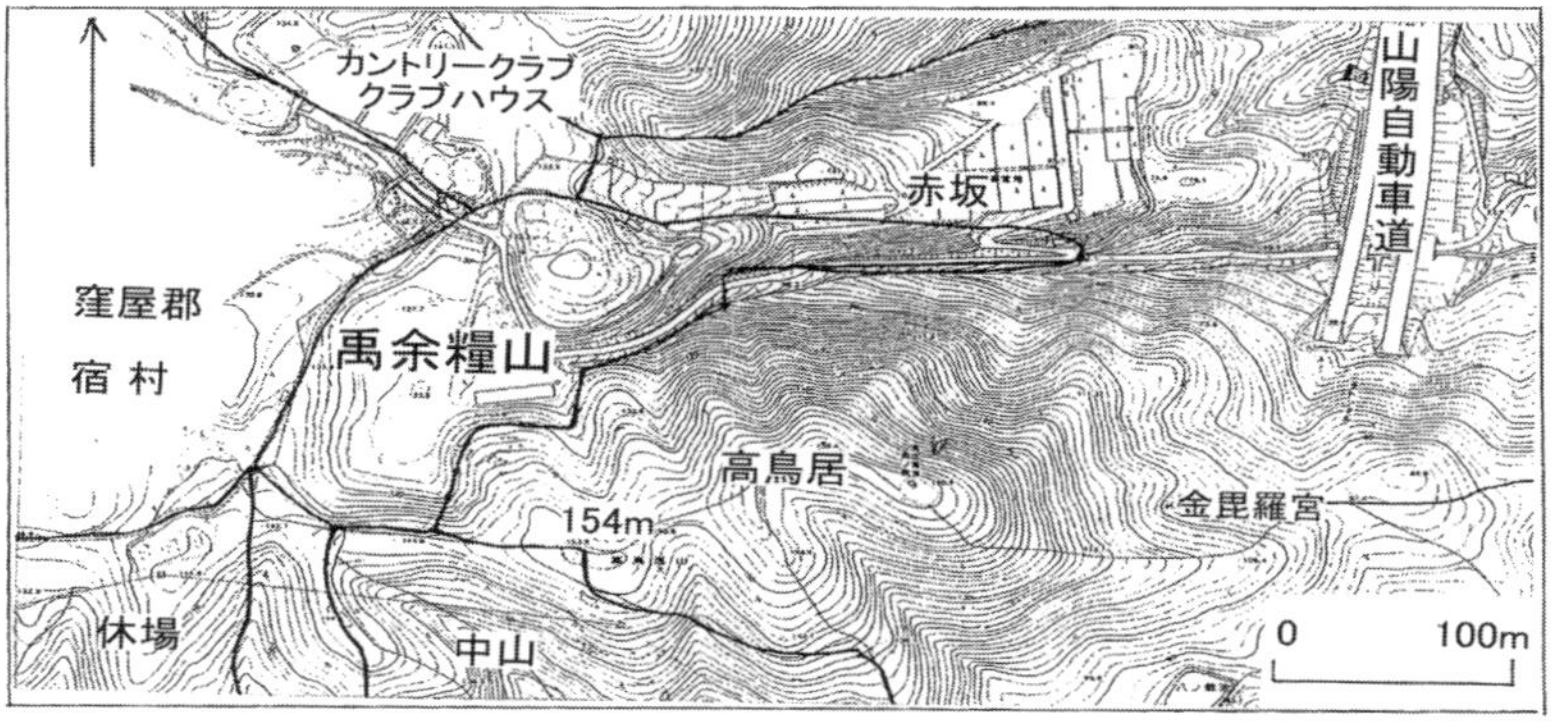

図7　二子地区の字名

高鳥居山頂北方に字禹余糧山がある．倉敷法務局の地籍図より編集．

(7) 岡山県史編纂委員会（二〇〇一）『岡山県史 第一七巻 年表』。

(8) 正富博行（二〇〇一）『岡山の地神様　五角形の大地の神』吉備人社。

三　建築物としての「禹門」―日本庭園への導入

（1）中国の「禹門」

黄河は山西省河津県で深い峡谷から小盆地へ出るが、そこに「禹門口」の地名がある[1]。この付近は龍門と呼ばれるが、禹王の功徳により「禹門」とも呼ぶ（図1）。口はかつての対岸への渡口（渡し場）に由来する[1]。

禅語には厳しい関門を意味する「禹門三級浪」があり、禹が黄河治水のため三段に切り開き水の流れを分けたが、水勢のすさまじいことに因む。この急流を登りきった魚は龍になる、との故事がある。これから大成するための難しい関門、立身出世の関門として「登竜門」の語が生まれた（図2）。

寺の名称に「禹門」が使われている例もある。貴州省尊義県に、「禅院禹門寺」がある。日本では、愛媛県西予市城川町魚成に曹洞宗「禹門山」龍澤寺がある。三〇年を要して一四八五（文明一七）年に移転し龍天寺から改名したものである。本堂には「禹門山」の寺号額がかかり、仁王門に掛けられた対聯《たいれん》に

図1　山西省河津県の黄河と禹門口

周辺の地を龍門山と呼ぶ. 2011年10月.

（1）載均良等編（二〇〇五）『中国古今地名大詞典（下）』。中国国家文物事業管理局（一九八八）『中国名勝旧跡事典3』。

は「魚躍禹門淵」と記す。すなわち、黄河龍門の魚が跳躍により滝を登り切って龍になるとの意から、魚成《うおなし》の字名および禹門山の号としたという(2)。

つぎに中国の地名が日本庭園の一要素となった例として、「禹門《うもん》」と呼ぶ建築物の特徴と由来を紹介したい。

（2）大徳寺龍光院の「禹門」
―日本最古の禹王建築物

京都北郊・船岡山の北に臨済宗の本山大徳寺があり、龍光院《りょうこういん》はその塔頭の一つである。本院は書院・茶室密《みっ》庵《たん》席・密庵咸傑墨蹟・曜変天目《ようへんてんもく》茶碗などの国宝、昭堂・盤桓廊・禹門・兜門などの重要文化財を有することで著名であるが、拝観謝絶し一般公開はしていない(3)。

龍光院は黒田長政（一五六八～一六二三年）が父・孝高（如水）の菩提所として一六〇六（慶長一一）年に造立したのが始まりである。その後、春屋宗園の後を継いで住持となった江月宗玩《そうがん》（一五七一～一六四三年）は現存する法堂・方丈・庫裏などを建て、没後七回忌の一六四九（慶安二）年に昭堂（本堂）（図3）や盤桓廊《ばんかんろう》が新造された(4)。

図2　名所図会の禹門口

明代の関中勝蹟図志による.

(2) 龍澤寺修復委員会編（一九八三）『禹門山龍澤寺』。

(3) 京都府教育委員会（一九六七）「昭和四二年国宝並びに重要文化財竜光院書院・本堂・盤桓武廊・兜門修理工事報告書」。

(4) 京都府教育委員会（二〇〇三）「平成一五年度文化財保護審議会建造物部会資料」。

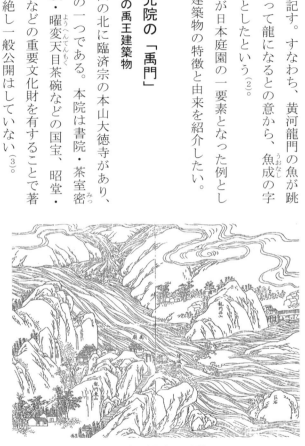

図 3　龍光院の昭堂（本堂）と石庭
2018 年 10 月.

図 4　龍光院の禹門
四脚向唐門で築地塀に置かれる．2018 年 10 月.

図 5　禹門に架かる額
複製物だが禹門の由来を記す.

「禹門」は昭堂前の石庭から黒田廟へ至る途中、築地塀に挟まれて置かれている（図４）。木製の幅一・九メートル、高さ二・四メートル、両開きの桟唐戸《さんからと》をもつ四脚向唐門である。屋根は向唐破の檜皮葺《ひわだぶき》で鬼瓦と棟瓦をのせる。全体に凜とした禅寺的風格をもち、築地の景観をひきたて庭園に溶け込んでいる。鴨居の梁に「禹門」およびその由来を記す漢詩を記す額がかけてある（図５）。

「禹門」額は複製だが、次のように記されている。

直有西来祖意傳　九州易地一庭前
庭前柏樹現龍樹　頭角峰崢嶸勢凜然
古柏其形如龍而衝西海浪来　故以右之二字釘此門矣

寺伝によれば、題字は松花堂昭乗（一五八二～一六三九年）の筆跡、漢詩などは江月宗玩の撰筆という(3)(4)。漢詩の由来は『無門関』三十七、有名な「庭前栢樹」の公案「趙州、因僧問、如何是祖祖師西来意。州云、庭前栢樹子」（僧趙州に問う、いかなるか、これ祖師西来の意。州曰く庭前の柏樹子）を下敷きにしている(5)。全体の意味は、「庭の栢槙《いぶき》は力強い枝ぶりで龍樹のようだ、頭角は鋭い峰のように威勢がよく西海の波を突き抜けてきた龍のようである。これから禹門と名づけて門に打ちつける」となる。黒田孝高（官兵衛）を祀る黒田廟への参道にある「禹門」は、庭の柏槙の龍のような勢のよい枝ぶりと黒田家の栄転出世をかけて名づけたのではないだろうか。なお、一七八八（天明八）年と一八四三（天保一四）年の奉行所届書の配置図や明治初期の境内図には唐門と記されている(3)(6)。

本院の現存建築物は一六〇八（慶長一三）年の慶長造営と一六三六（寛永一三）年の寛永造営のものが多く、昭堂や盤桓廊は一六四九（慶安二）年のものだ。禹門は様式的に盤桓廊と一連の建築物ともみられる。現時点では、年代は一六〇八年から一六四九年間までの江戸初期に建てられたとするのが妥当であろう。命名者は住持の江月宗玩である。

(5) 西村恵信訳注（一九九四）『無門関』岩波文庫、一四四～一四五頁。

(6) MIHO MUSEUM（二〇一九）『大徳寺龍光院曜変天目と破草鞋 特別展図録』。

龍光院の「禹門」は、徳川美術館蔵の「禹金像」（一六三一年）や東京国立博物館歴聖大儒像の「大禹像」（一六三二年）、高松市の「大禹謨」碑（一六三八年）などとともに、日本の禹王遺跡として最古の部類に属する。

建築物としてみれば、龍光院の「禹門」は現存する最古の禹王建築物である。庭の柏槇の龍のような枝ぶりの勢いから、「禹門」と命名された。日本で初めて出現した禹門は、禅思想と儒教を学んだ五山僧の知識が建築物となって結実した結果であろう。禅寺の庭に調和した姿をもつ禹門が、新たな文化要素として登場した。一方、絵図類には唐門と記される例が多く、一般に唐門と認識されていた可能性は高い。

（3）知恩院華頂友禅苑の「禹門」―日本庭園の露地に配置

浄土宗総本山知恩院は巨大な三門で有名である。門東側の女坂に面して静寂な華頂友禅苑がある（図6）。この和風庭園に「禹門」はひっそりたたずんでいる。高さ約二・二メートル、幅約二・五メートルのひなびた木の門で、説明板には「禹門とは立身出世の関門であり登竜門と同意である、山紫水明の茶室庭園と清流の治水造りにかける庭師の心意気がこの門からうかがい知れる」と記してある。

華頂友禅苑は、一九五三（昭和二八）年度の宮崎友禅斎生誕三百年記念事業により造成された小公園に始まる(7)。ここに友禅斎銅像（図7）を建てるとともに謝恩碑を移転した。これは京

（7）明石染人（一九五三）『宮崎友禅斎と近世模様染』宮崎友禅翁顕彰会。

都の織物・友禅関係の業者らによる宮崎友禅翁顕彰会が実施したものだ。一九六八（昭和四三）年に知恩院は、法然上人開宗八百年記念事業として約四〇〇〇坪の大庭園に改造したのである。池泉式庭園として普陀落《ふだらく》池、枯山水からなる鹿野園《ろくやえん》、大沢徳太郎邸の茶室を移設した華麓庵と白寿庵の茶室を置き、染糸滝からの琴流水に八景と称する景観を絶妙に配置し（図6）、天下の名園と自賛するものになった。茶室を囲む露地の入口に「禹門」は置かれている（図8）。屋根は切妻の柿葺《こけらぶ》きで扉はついてい

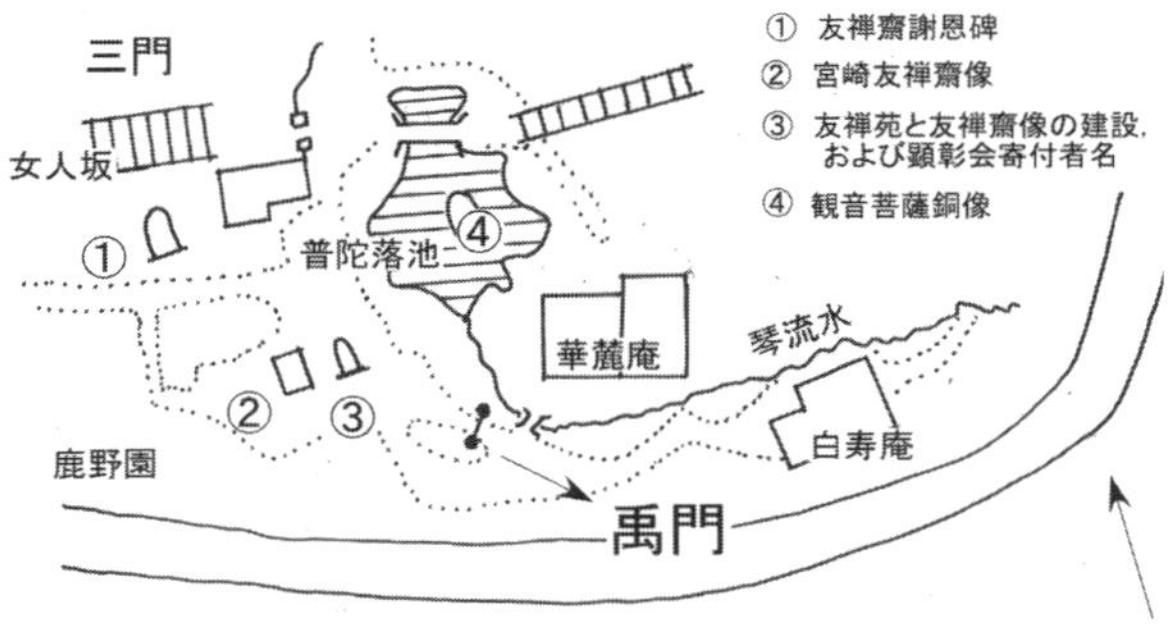

図 6　華頂友禅苑の配置図
茶室の露地境界に禹門を配置.

図 7　華頂友禅苑の宮崎友禅斎銅像
京友禅の始祖で，1953 年建立.

図 8　華頂友禅苑の禹門
登竜門の意味をもつ和風建築.
2017 年 10 月.

ない。この門や渓流を設計、施工したのは京都市小林造園の小林正佳氏である。仏教思想を和風庭園に反映させる力量をもつ小林の創意工夫により「禹門」が生み出された。造園師の庭園思想から「禹門」は黄河を模した渓流の脇に置かれ、立身出世の関門を意味する素朴な木門という形態をもつに至った。茶室付属の露地の入口に、「禹門」が日本庭園の新しい要素として形態を与えられたといえよう。

(4) 青森市棟方志功記念館の「禹門」―人材輩出の願い

青森県出身者として最初の文化勲章を一九七〇(昭和四五)年に受賞し、青森市名誉市民の第一号となった板画家・棟方志功の記念館が、青森市松原二丁目にある。青森の鍛冶屋に生まれ、一九二四(大正一三)年に一八歳で画家を志して上京した。途中で版画に転向し、長い労苦のなかでひたすら版画に打ち込み、一九五五(昭和三〇)年サンパウロ、一九五六年ベネチアでのビエンナーレ国際芸術展で最高賞を獲得、日本でもやっと評価されるようになった。棟方の記念館建設は青森県と青森市との共同作業で、隣接する市民図書館建設とともに行われた。両館は一九七四(昭和四九)年に起工、翌年八月に竣工して

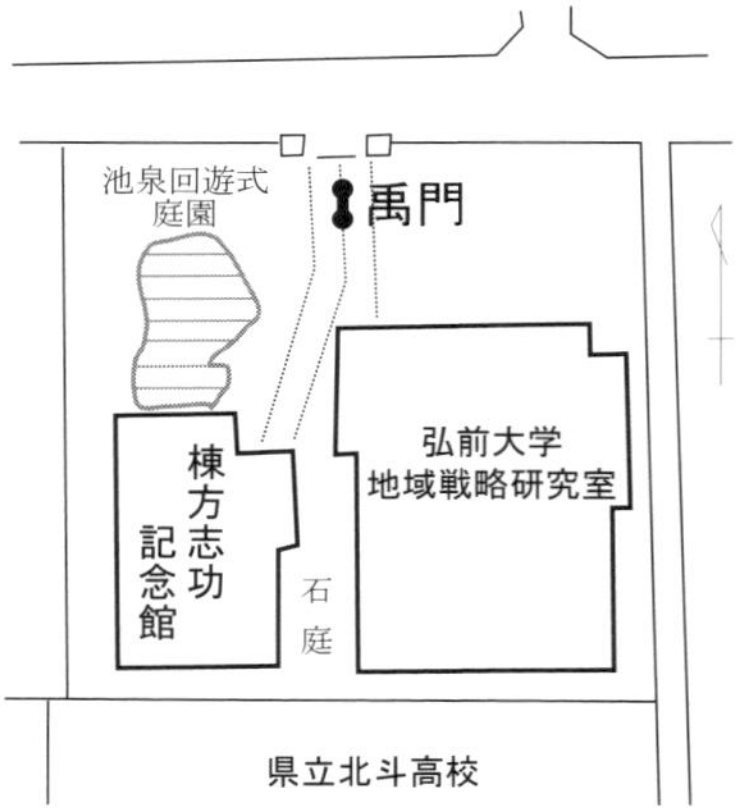

図9　棟方志功記念館の配置図
右の建物(弘前大学地域戦略研究室)は元青森市民図書館.

いる（図9）。同記念館は同年一一月一七日に開館したが、棟方はその二カ月前の九月一三日に肝臓癌で死去した(8)。

敷地の庭園を設計・施工したのは小林造園（京都市）である。奈良岡青森市長が同社の施工した同市正覚寺の庭園をみて小林正佳氏を呼び、庭園の設計を依頼したという(9)。図書館の前庭は深山幽谷の石組みと大海を表す白砂、芝生は雲を表現した枯山水式、記念館の庭は池泉回遊式で、館の基礎柱も池中にある（図10）。両者の境界には高塀などを置かず植え込みを主としたオープンな空間とし、通行できる中門をおいて「禹門」と命名した。

「禹門」は高さ二・六メートル、幅一・三メートル、観音開きの扉をもつ質素なもので、切妻の屋根は冬季の積雪を考慮して軽い板葺《いたぶき》である(図11)。両側の袖に竹垣(鉄砲垣)をつけてある。これを設計した小林は「幾多の困難を乗り越えて世界的な芸術家となった棟方氏のような人材が青森県内から続いて出るように、との意味合いから禹門と名づけた」という(9)。また、門の図書館側（東側）に棟方の強力な支援者だった竹内俊吉知事が揮毫した「禹門」の額をかけていた(10)。しかし、風雨により文字が見づらく

図 10　棟方志功記念館と回遊式庭園

(8) 棟方志功記念館編（一九九六）『棟方志功記念館 二〇年のあゆみ』。

(9) 小林正佳（一九九六）棟方志功記念館庭園二十周年に当たって、『棟方志功記念館 二〇年のあゆみ』、一二頁。

(10) 小野次郎（二〇〇四）記念館庭園探訪禹門、「棟方志功記念館だより」一七。

なり、現在は記念館が保管している(図12)。かつては自由に行き来できるように開門していたが、老朽化が著しく危険なため現在は閉鎖している。

(5) 昭和の「禹門」設計者・小林正佳

前述の知恩院および棟方記念館の「禹門」を設計・施工したのは、小林正佳であった。小林は

図 11　禹門と竹垣（鉄砲垣）
図書館と棟方記念館の境界に中門として設置．2018 年 10 月．

図 12　禹門の扁額と小野次郎館長
揮毫は竹内俊吉元知事．2018 年 10 月．

図 13　小林正佳（1932 ～ 1996）
60 歳頃，富山県にて．小林英紀氏提供．

「禹門」に関する記録を残していないので、彼の経歴などを通じてその着想と思想について考えてみたい（図13）(11)。

小林正佳は一九三二（昭和七）年に植木職人の父・小林藤三郎の八男として京都市北区紫野上門前町に生まれ、一九五六年に立命館大学理工学部土木工学科卒業後、小林造園に入社した。同社は宮内庁や知恩院・大徳寺などの庭園管理を請け負い、一九六〇年に公園・街路樹・作庭の設計施工などを扱う総合造園企業になっている。彼は一九六五年頃から知恩院華頂友禅苑の設計と作庭を引き受け、仏教思想にもとづく庭園構想を会得する。茶室の露地の境に二〇世紀初の「禹門」を設計し、そこに黄河の急流を昇って鯉が龍になる登竜門の故事を織り込んだ。この作庭技術が評価され、棟方志功記念館および市民図書館の庭園設計をまかされたのである。

そこでは棟方志功のような優れた芸術家が青森県から続出するようにとの意味をこめて、登龍門として「禹門」を設置した。七年前の華頂友禅苑の「禹門」を下敷とし、素朴な和風の門が設置された。このため両者はよく似た建築的特徴をもつ。また、出世の関門としての意味をもたせた点でも共通する。これらは古代中国でみられる屋根を架けた衡門《こうもん》によく似ている(12)。

造園家として彼が「禹門」に対する強い思い入れをもっていたことは確実であるが、いかなる理由によるのかわからない。彼の生家は大徳寺門前にあり、父の代から大徳寺庭園の仕事を請け負っており龍光院の禹門を知っていた可能性はある。しかし、登竜門として「禹門」に建築形態を与え完成させたのは、彼の独創力によるものであり、最も活動的な三〇～四〇歳代に二つの「禹

(11) 小林正佳自筆履歴書およびご子息の小林英紀氏への聞き取りによる。

(12) 楼慶西（二〇〇八）『中国歴史建築案内』TOTO出版、二六二～二六九頁。

門」を設置したことは注目すべきことである。

一九九六（平成八）年に小林は亡くなったが、「禹門」は彼の造園師としての優れた力量により、和風の木門として創作された。これらに治水の意味はなく、出世の関門としての登竜門の意味を込めて、日本庭園のなかに新たな一要素として具現化したものである。

四　京都御所の「大禹戒酒防微図」

（1）天皇の生活空間—常御殿の禹王襖絵

江戸期の内裏は、禁裏とそれを取り囲むように大小の公家屋敷が軒を並べていた（図1）。維新後は京都御苑として整備され、一八八〇（明治一三）年に公園に姿を変えた。

禁裏は、紫宸殿・清涼殿・小御所・常御殿などからなる。しかし、江戸期だけでも承応（一六五三年）・万治（一六六一年）・寛文（一六七三年）・宝永（一七〇八年）・天明（一七八八年）・嘉永

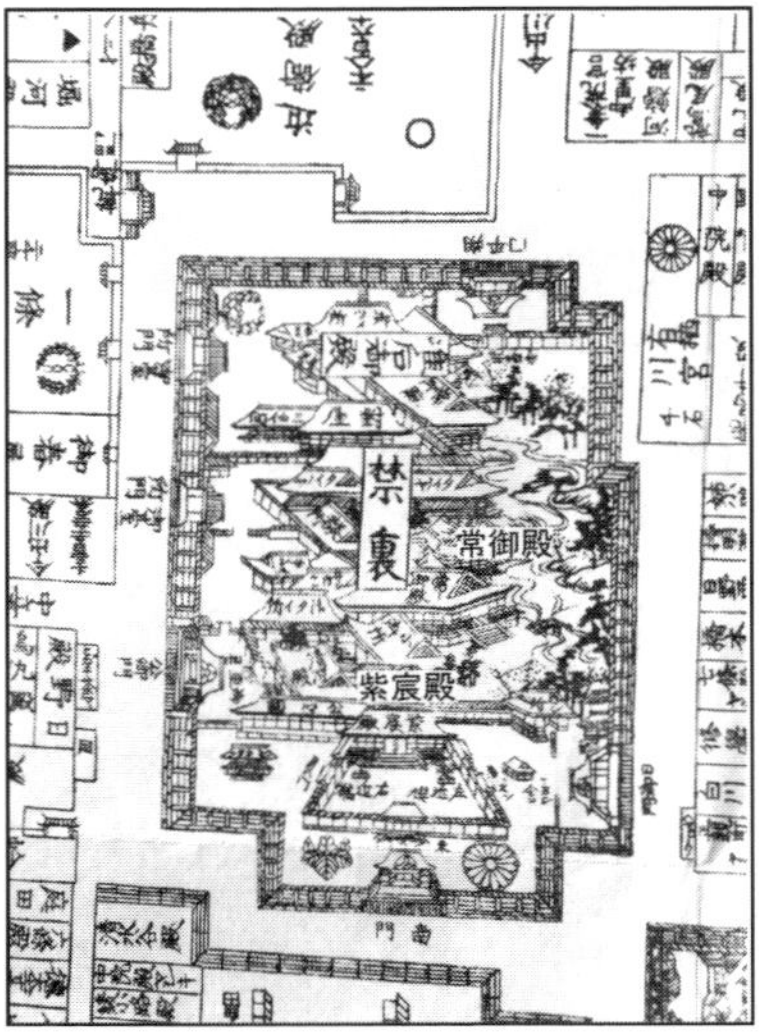

図1　1791（寛政3）年の禁裏

禁裏の中央に常御殿がある.
寛政三年内裏図に加筆.

（一八五四年）の火災によって焼失し、建物の造営がくり返されてきた。現在のものは一八五五（安政二）年の造営によるものである。

天皇の生活の場である常御殿は、最大の建物で、剣璽《けんじ》の間・御寝の間・儀式空間として書院造り上中下の三段の間など一五の部屋をもつ（図２）。部屋は多くの襖絵で

図２　常御殿三段の間
宮内庁京都事務所提供.

図３　中段の『大禹戒酒防微図』
鶴沢探真画．宮内庁京都事務所提供．
部分拡大図を図４に示す．

図4　大禹（左上）と儀狄（ぎてき）
図3の拡大図．儀狄が大禹に美酒を献じている場面．鶴沢探真画．宮内庁京都事務所提供．

飾られている。襖の画題は華麗な花鳥風月や物語が大部分を占めるが、上中下の三間には、中国の故事を主題とするのが通例である。現在は上段の六面に『堯任賢図《と》治《ち》図』（狩野永岳画）、中段の六面に『大禹戒酒防《かいしゅぼう》微《び》図』（鶴沢探真画）（図3）、下段の一〇面には『高宗夢《む》來《らい》良《りょう》弼《ひつ》図』（座田重就画）が配置されている。現在の中国三聖帝の襖絵は一八五五（安政二）年の安政度造営時に、狩野派の絵師が描いたものだ(1)(2)。

図5『堯任賢図治図』
拡大図．狩野永岳画．宮内庁京都事務所提供．

（1）毎日新聞社（一九九二）『皇室の至宝7―障屏・調度Ⅱ』。淡交社（一九九四）『京　御所文化への招待』淡交ムック。京都国立博物館・宮内庁京都事務所・京都新聞社編（二〇〇七）『京都御所障壁画―御常御殿と御学問所』京都新聞社。

（2）三図は、それぞれ略して「堯図」「高宗図」「戒酒図」とよばれる。

『大禹戒酒防微図』は、禹王が飲酒に溺れては国を滅ぼすとの思いから美酒を献上する儀狄《ぎてき》を遠ざけたとする故事にもとづく（図４）。『堯任賢図治図』は、堯帝が賢人路を任用して国を治めるもの（図５）、『高宗夢來良弼図』は、商の高宗が夢に見た賢人を探し求める図である。いずれも明代の『帝鑑図説』からモチーフを得ていると考えられる。

天皇の生活空間といえる常御殿の襖絵に、堯帝・高宗帝と並んで、「禹王」が理想の聖人君主として描かれていることは重要な意味をもつ(3)。

（2）襖絵が描かれた背景

中国三聖帝の故事を画題とした襖絵は、どのような経緯により配置されたのだろうか？

これまで、襖絵は一六四一（寛永一八）年の寛永度造営時に設置したとされてきた。しかし、宮内庁書陵部の記録類を詳細に検討した藤岡(4)によれば、上記三図の名が最初に史料に登場するのは、従来の説よりも六八年後の一七〇九（宝永六）年、宝永度造営時である。

一七〇八（宝永五）年三月八日の大火で禁裏が焼失したため、将軍・徳川綱吉が建部内匠頭を普請奉行に命じ、襖絵は江戸から上った狩野永叔・探信ら狩野派の絵師に担当させた。この際、小御所の御上段に『堯任賢図治図』（狩野永叔画）、御上段西之間に『高宗夢來良弼図』（狩野探信画）、御中段には『大禹戒酒防微図』（狩野永叔画）の三図が置かれ、一七〇九（宝永六）年九月二六日に竣工している。

(3) 王敏（二〇一四）京都御所「大禹戒酒防微図」の日本伝来の脈絡を垣間見る、「治水神・禹王研究会誌」創刊号、一一三〜一二一頁。

(4) 藤岡通夫（一九八七）『京都御所（新訂）』中央公論美術出版。

これに従うと、『大禹戒酒防微図』は、綱吉時代に小御所御中段に配置された。その後、一七八九（寛政元）年天明大火後の寛政度造営時に、三図とも常御殿へ移され、上段『堯任賢図治図』（狩野縫殿助画）・中段『大禹戒酒防微図』（鶴沢式部画）・下段『高宗夢來良弼図』（狩野蔵之進画）という現在の配置が決まった(4)。現在の中国三聖帝図は幕末の安政期に新たに描かれたものだが、綱吉時代の画を踏襲していると思われる。禁裏の再建に関わる計画や資金・調度などは将軍家が決定しており、天皇家からの関与はほとんどみられない。

禹王をはじめ中国三聖帝の画題は、宝永度造営を指揮した綱吉の儒教志向が強く反映されたと考えられる。とくに、小御所や御学問所の大和絵風名所や物語の襖絵は、宝永造営時に中国故事の画題に入れかえられた(4)。これは将軍家の指示により画題が変更されたことを意味する。常御殿の三図とは別に、紫宸殿にも賢聖障子が置かれている。平安期の九世紀後半に創始されたとの伝承をもつが、史料的には寛政度造営時に大学頭・林信敬ら儒学者が画題を決定したのが最初である。

（3）宮廷と儒教

宮廷では、政事と祭事が重要なマツリゴトであった。祭事には仏事と神事があるが、儒教行事も含まれる。一四世紀、建武年中行事では二月と八月に釈奠《しゃくそん》を執行している。しかし、一七世紀後水尾上皇期の当時年中行事では、釈奠は他の多くの仏事・神事とともに廃止されており(5)、

（5）所功（一九九四）宮廷の神事と仏事、『京御所文化への招待』淡交社、九六〜一〇五頁。

儒教式典が廃絶したことを示す。綱吉期以降、江戸を中心に儒教が興隆していく潮流に対して、宮廷では逆の傾向が生じている。

以上から、禹王をはじめとする中国三聖帝の故事にちなむ皇室内の儒教的画題は、徳川将軍家の意志が強く反映された結果と考えられる。宝永造営時に小御所に初めて置かれ、天明大火後に常御殿に移された禹王を含む三件の中国聖帝画は、それ以後、模範的な善政の君主として天皇の帝王学的教養となって受容・浸透していったと推定できる。

五　群馬県片品村の「大禹皇帝碑」と各地の「岣嶁碑《こうろうひ》」

（１）利根川源流の大禹皇帝碑

坂東太郎と称される利根川は、鬼怒《きぬ》川・渡良瀬《わたらせ》川・吾妻《あがつま》川・鏑木《かぶらぎ》川・荒川など多数の支流をあわせ関東平野をうるおす大河となる。沼田市で合流する片品《かたしな》川は、上流に片品村、源流に尾瀬沼をもつことで知られている。片品村は二〇〇〇メートル級の山地に囲まれた谷間に集落が点在する尾瀬への玄関口で、福島県の会津へ通じる国道四〇一号と栃木県の日光へ至る国道一二〇号が通過している（図１）。

役場のある鎌田の北六キロメートル、古仲地区の片品川左岸に「大禹皇帝碑」と呼ばれる巨大な石碑が立っている（図2）。高さ二・三メートル、幅一・四メートルの堂々とした碑は村の文化財に指定されており、戦前には「禹王様祭り」が行われていた。

碑に刻まれた七行一一字・七七文字は、ユーモラスで不思議な字体だが読めない（図3）。裏面には、「明治七年一一月　大禹皇帝碑創造之願主　幽斎星隣　三光星藩宮田順甫」とある。片品川の水害後に、禹王治水に因んで村に「大禹皇帝碑」をたてることになり、星野誉市郎が旧会津藩校の教授に頼んで碑文を書いてもらった、と伝えられる(1)。村の重鎮・宮田勝氏を中心に「大禹皇帝碑顕彰会」が結成され、調査を始めた。その結果、碑文を建立したのは、当時の村で漢学を教授していた星野誉市郎・星野源六・宮田順甫の三名で、碑陰に記された人物であることがわかった。師範級の学者たちが建立の中心で、彼らから漢学などの講義を受けて、高い教養と禹王治水の事績を周知した村民らが賛同して建碑されたにちがいない。

難解な文字は中国の古代蝌蚪体《かとたい》(2)（鳥蟲篆《ちょうちゅうてん》書体とも呼ばれる）である。『琅《ろう》酔《や》編』をもとに解読に挑戦し、以下のような漢文に翻訳された(1)。

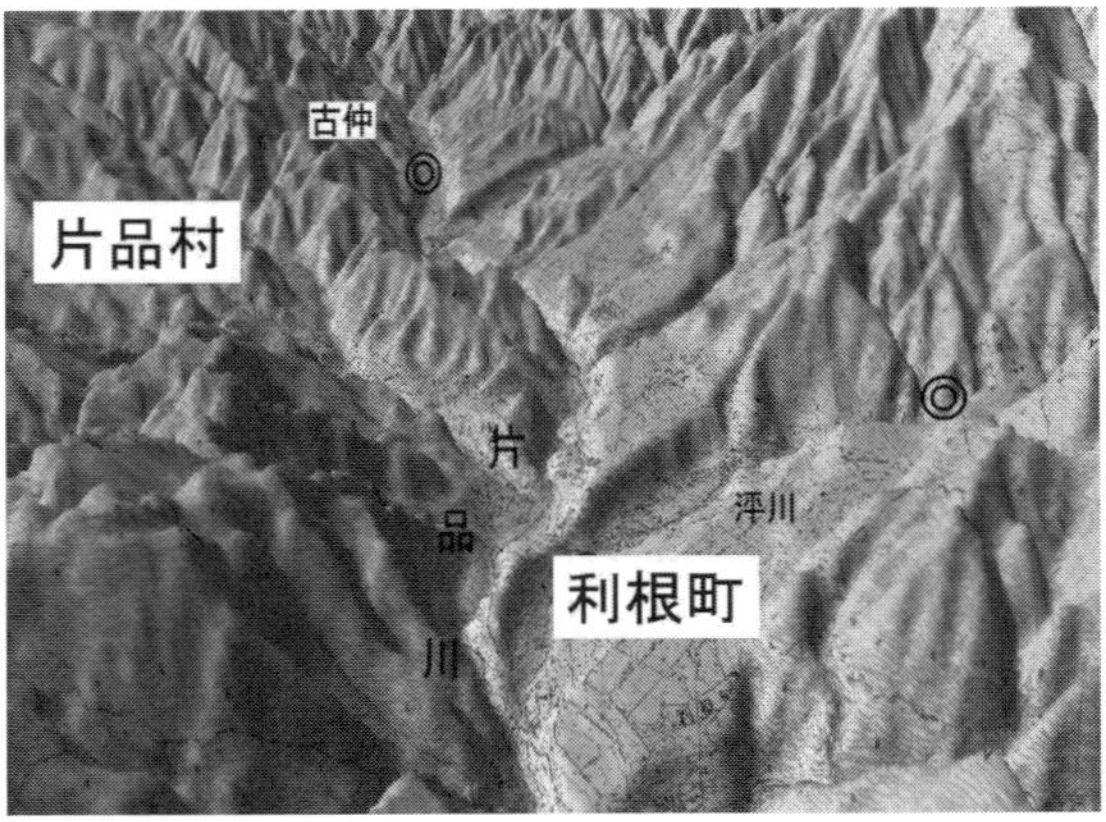

図1　片品川上流の鳥瞰図（南から北を見る）

この最上流に尾瀬沼がある．◎は禹王碑の位置．カシミール3Dにより作成．

（1）宮田勝（二〇一〇）利根川水系「禹王（文命）を探る　第1回全国禹王（文命）文化まつり資料集」、三八～四二頁。

（2）蝌蚪とは中国語でオタマジャクシをさす。中国の古代篆字の形がオタマジャクシを思わせることから蝌蚪体とも呼ばれている。

承帝曰咨冀輔佐卿　州諸與登鳥獣之門　参身洪流而明発爾興　久旅忘家　宿嶽麓庭
知営形折心罔弗辰　往求平定華岳泰衡　宗疏事裒労余神禋　鬱塞昏徒南瀆衍亨
衣制食備萬国其寧　竄舞永奔

この碑文が、中国各地に存在する岣嶁《こうろう》碑七七文字(3)と同一であることが明らかになる。菊地(4)によると、当村では江戸後期〜明治前期は林業が衰退して人口減少の著しい時代となり、経済的にきびしい状況だったという。ここに水害や飢饉が頻発すれ

図 2　群馬県片品村土出の大禹皇帝碑
流紋岩の碑に 77 文字を刻む.

図 3　大禹皇帝碑文
蝌蚪字体で，岣嶁碑の系列に属する．

(3) 岣嶁碑とは、禹王が自ら刻んだ治水の碑として信仰の対象とされてきたもの。岣嶁は山岳を意味する。

(4) 菊地利夫(一九八六)片品川流域における近世山村の二面的性格の展開、『続・新田開発』古今書院、二六七〜三〇〇頁。

ば、潰滅的な状況になったであろう。災害からの解放を祈願した碑だと伝えられることにもうなづける。

二〇一二（平成二四）年九月、「禹王サミット」の打ち合わせのため賀川督明・一枝夫妻と片品村を訪れた。村長室には実物大の「大禹皇帝碑」の拓本軸がかかり、小型の複製軸を私たちに準備してくださっていた（図４）。千明金造村長の禹王への関心と「大禹皇帝碑」の活用に並々ならぬ情熱を感じる。

その夜は山田屋の露天風呂で疲れを癒し、翌日は笠原信充氏の車で下流利根町沢川不動に案内してもらう。ここは片品川の支流の沢川を四キロメートルほど上流へ遡った場所で、谷間に不動堂がぽつんとたつ。修験道の行場らしく、不動の滝がゴウゴウと音をたて神聖な空気に心が洗わ

図４　片品村長室の大禹皇帝碑拓本
町の文化財として大切にされている．2012 年 9 月．

図５　利根町沢川の禹王之碑
皇帝碑の漢文訳 77 文字を刻む．

れる。堂の横に小振りな「禹王之碑」が置かれ、碑面には七七字の漢字が刻まれている（図5）。これは「大禹皇帝碑」の漢文訳である。一九一九（大正八）年四月に建てられたもので、「大禹皇帝碑」の子碑というべきものだ。しかし、片品川上流の山間地に、難解な巨大碑とその漢文訳の碑がなぜ建てられたのか、本当の理由は謎のままである。

（2）宮城県の「大禹之碑」

「大禹皇帝碑」と同じ文字の碑が宮城県にあるそうですと教えてもらって、仙台空港から加美郡加美町へ向かった。奥羽山脈から流れ下る北上川の支流・鳴瀬川の平野を車で上っていく。旧小野田町味ケ袋《あじがふくろ》に目的の碑はある（図6）。袋の地名は主に東北地方でみられるもので、円弧状の排水不良の低地を意味し、この地方では珍しくない。

小野田本郷の西、原町から鳴瀬川に架かる橋をわたって、右岸の円弧状の水田に入る。ここは、鳴瀬川の蛇行跡を近世に開発したところで、水がたまると三日月のような沼になるという。山王権現社下の畦道《あぜみち》に、鋭角状の碑が草に埋もれて立っていた（図7）。

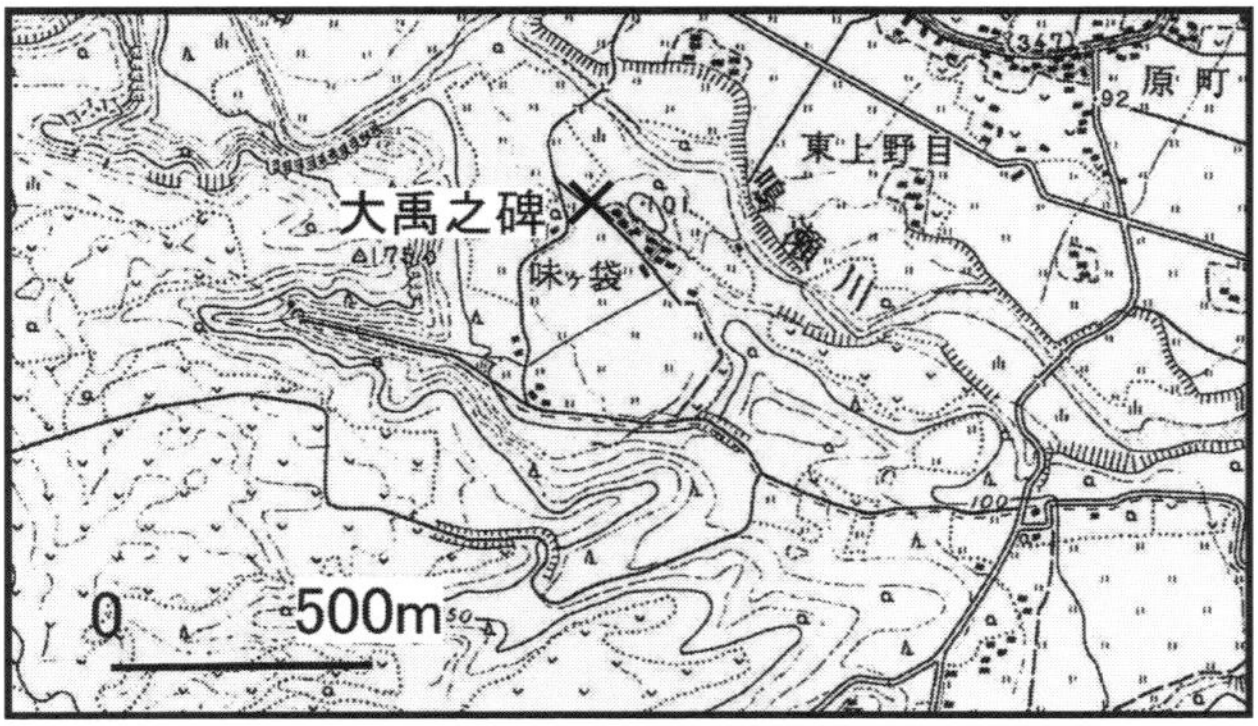

図6　宮城県加美郡加美町味ケ袋
2万5千分の1地形図「薬莱山」より.

高さ一・三メートルの安山岩の碑で表面はかなり風化しているが、「大禹之碑」と読める。碑文は片品の碑と同じ七七文字だが、書体はやわらかく草書風でもある（図7）(5)。文末には「於是乎建是碑祀之庶永除是憂矣　時文久二年春　原街村長池田景孝謹誌」と漢文で記してある。原街の池田家は一八五八（安政五）年に加美郡の肝入に任ぜられ、洪水を頻発する鳴瀬川の治水事業に取り組んだ(6)。一八六二（文久二）年、池田景孝は築堤などの事業を完成させ、水難消去を願って本碑を建立したのだという。しかし、一九一〇（明治四三）年に大洪水が発生し、味ケ袋の集落は大部分が対岸へ移転してしまった。なぜ景孝は岣嶁碑文を刻んだのだろうか。

図7　加美町味ケ袋の大禹之碑の碑文
岣嶁碑の系列に属する．池田景孝が1862年に建立．2013年9月．

（5）小野田町文化財保護委員会（一九九二）『小野田町の文化財第二集』。
（6）小野田町史編纂委員会（二〇〇三）『新刊小野田町史』。

（3）韓国の「禹王碑」――大韓平水土賛碑

韓国に片品の碑に似たものがあるというネット情報に接したのは二〇一二（平成二四）年だっ

た。北緯三七・五度の東海（日本海）に面する三陟《さむちょく》市にある。バス路線が四通八達している韓国ではどこへでも行ける。仁川空港から江陵行に乗車、途中乗り換えて約四時間で三陟のターミナルに着いた。車で目的地の汀上洞六香山はすぐだった。かつて海中の島だった直径百メートルほどの小山で、埋め立てにより陸続きになっている。六香山は歴史公園として整備されており、多くの建物や石碑が置かれていた（図8）。

伝統的な赤塗の朝鮮風「禹篆閣」に大韓平水土賛碑が収められている（図9）。一六六一年に学者・政治家として著名な許穆《きょぼく》が三陟府使であった時、波浪による被害がひどいため沈静を祈願し、中国の岣嶁碑から四八文字を選んで木版に刻んだという。一九〇四年に高宗帝の命により高さ一・五メートルの石碑に再刻したものである(7)。

書体は片品の碑と同じだが、印象はかなり異なる（図10）。当時、李氏朝鮮は儒教・儒学を国

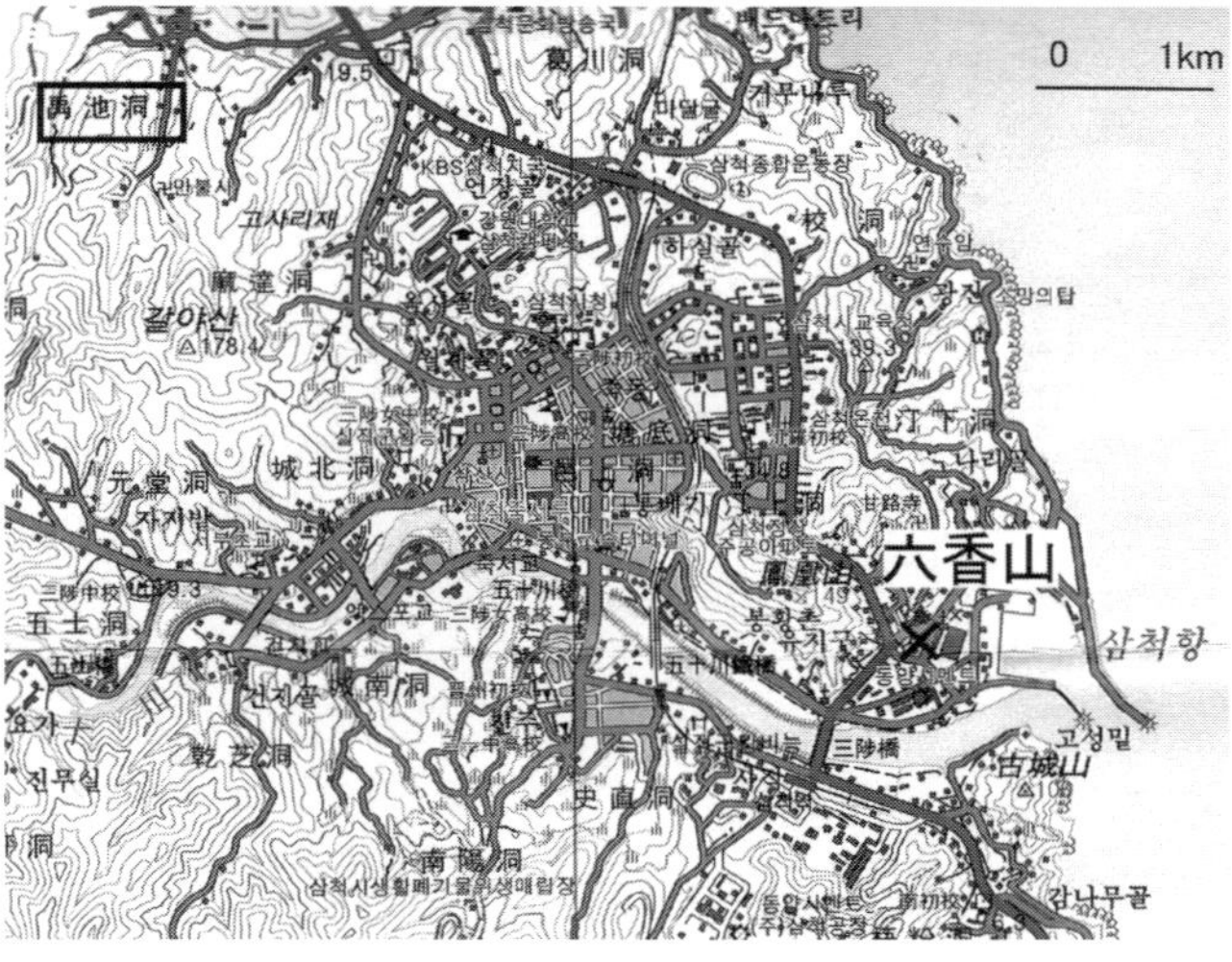

図8　韓国江原道三陟市六香山
5万分の1韓国地形図「三陟」．✕は六香山，左上に禹池洞（里）がある．

(7) 三陟市（二〇一二）『三陟旅行』。

図 9　韓国三陟市六香山の禹篆閣
なかに大韓平水土賛碑を安置する．2012 年 8 月．

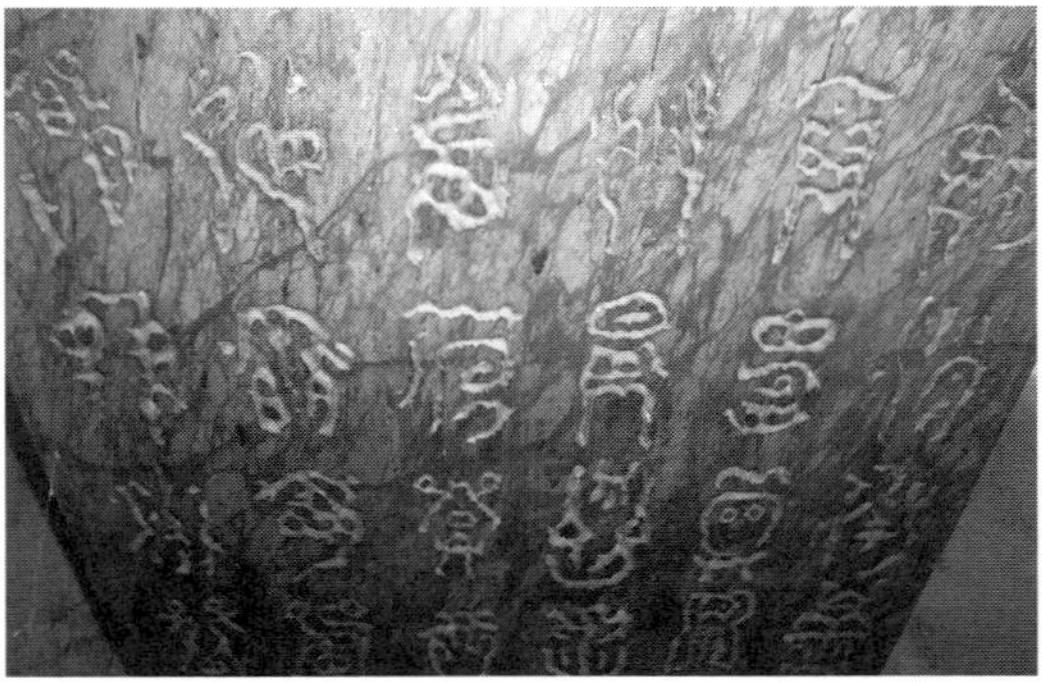

図 10　禹篆閣の大韓平水土賛碑
岣嶁碑の系列に属し，48 字からなる．
1904 年に石碑に再刻された．

の基本におき、中国に朝貢していた。しかし本地域には強い土着の水神信仰があり、外来の「禹王」は受容されなかったらしい。この碑は知識人・許穆の教養を示す海難鎮静を祈念した碑とみてよかろう。

なお、朝鮮半島には韓国三陟市の「禹池里」(洞)をはじめ各地に「禹勤里」「禹金岩」、北朝鮮に「禹

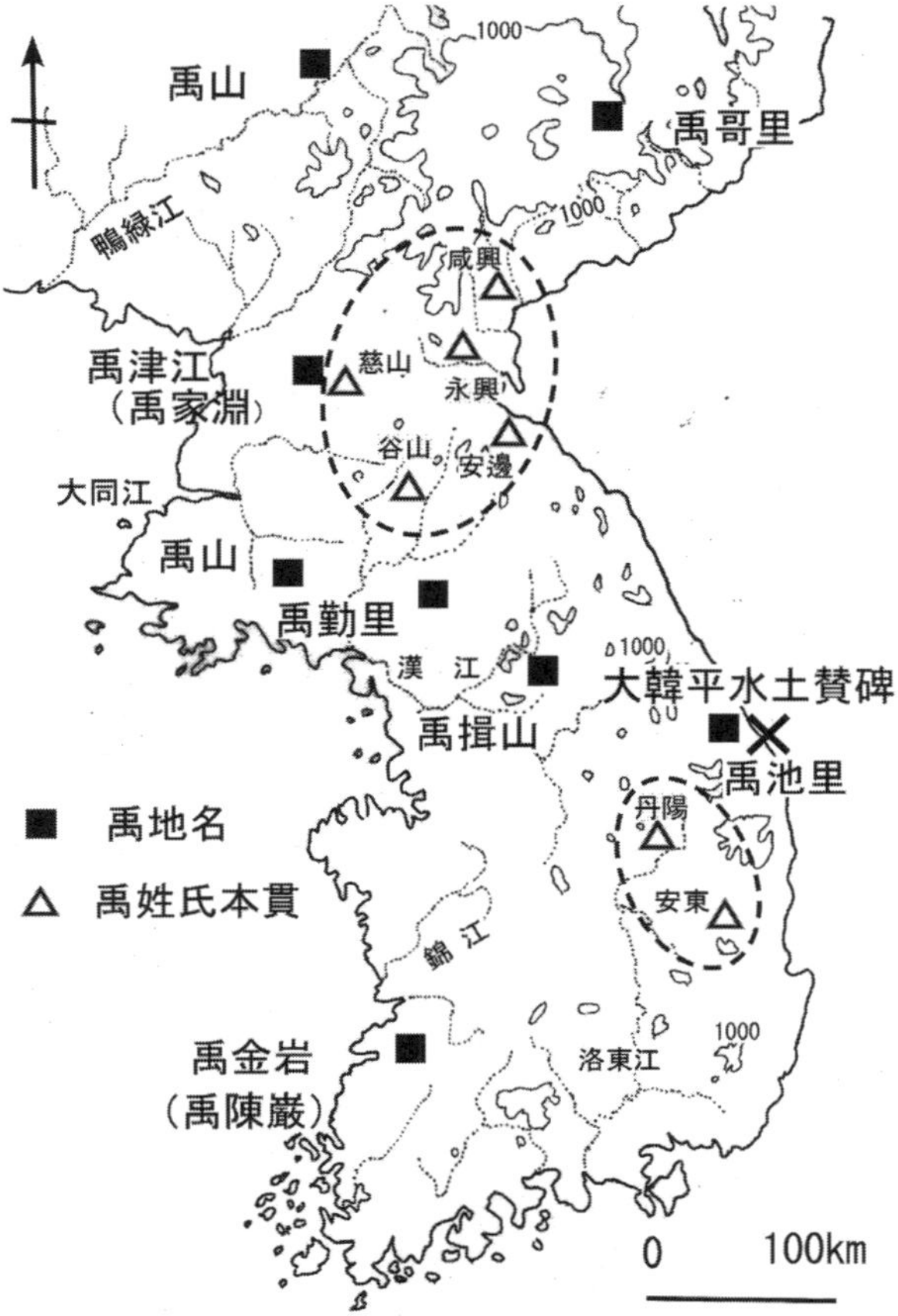

図 11　朝鮮半島の禹王地名
禹王地名の集落名と自然地名が全域に分布している．

歌里」や「禹山」（二カ所）、「禹津江」などの禹王地名が濃厚に分布している（図11）。朝鮮半島に禹王地名の多い理由はよくわからない。また、禹姓はポピュラーであり、その発祥とされる本願地は北と南に二つの中心があるようだ。今後の研究課題である。

（4）中国「峋嶁《こうろう》碑《ひ》」の謎

「峋嶁碑」とはいったい何なのか。湖南省長沙市南方約一五〇キロメートル、南岳衡山の峋嶁峰の岩に、禹王が刻んだと伝えられる古代文字が起源である。

一二一二（南宋嘉定五）年、何致《かち》がこの碑文を写しとり、長沙市西方の岳麓山岩壁に復刻した（図12）。衡山のものは亡失し、岳麓山のものが最古の「峋嶁碑」とされている(8)。一五三四（嘉靖一三）年、長沙の郡守だった藩鎰はこの碑文を草むらから再発見し、雲南の楊慎が七七文字を検討して翻刻、その内容は禹王が治水事績を記したものだと解釈した。

こうして大禹治水を刻んだ古い碑文として価値があると信じられ、その後南京（一五三五年）・雲南省大理（一五三七年）、紹興（一五四一年）（図13）、湖南省衡陽（一五八一年）、西安碑林（一六六六年）、山東省黄県（一六七三年）、湖北省武漢（一七七〇年）、甘粛省蘭州（一八六一年）、河南省開封（一八九七年）など一〇カ所以上に復刻碑が建てられた。そのほかにも、四川省成都・北川、河南省禹州などにも存在するという(9)。こうして、「峋嶁碑」は中国全土に分布する著名な禹王

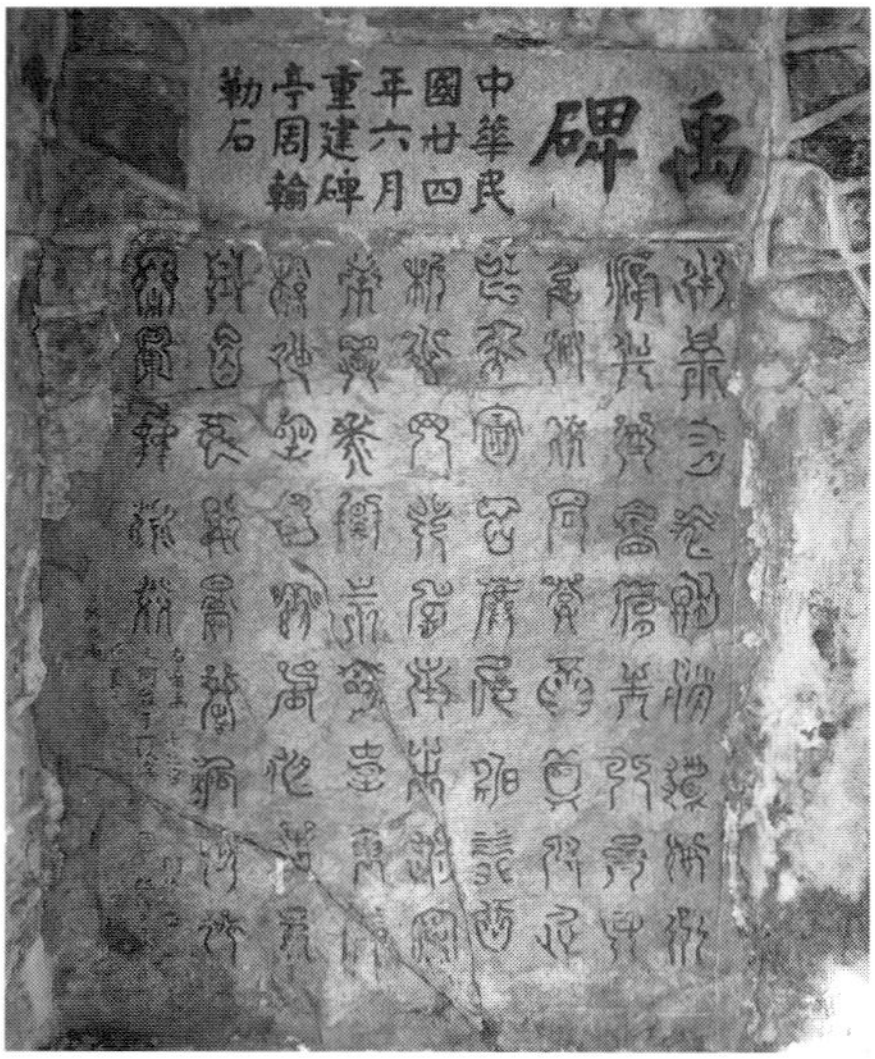

図12　湖南省長沙市岳麓山の禹碑
峋嶁碑で, 1212年に復刻したもの.
2013年10月.

（8）周曙光（二〇一四）『呉越歴史と考古論集』における峋嶁碑の研究、「治水神・禹王研究会誌」一、三九～四七頁。

（9）曹錦炎（二〇〇七）峋嶁碑研究、『呉越歴史与考古論叢』文物出版社。

碑として周知されるようになる（図14）。

二〇一三年秋、長沙市の西、かつて毛沢東が学んだ湖南師範大学の西にそびえる岳麓山を訪ねた。バスとゴーカートで山頂付近までのぼる、家族連れの多い史跡公園である。山頂の禹王碑は

図 13　紹興市大禹陵の岣嶁碑

漢文訳を付しており，1541 年建立．

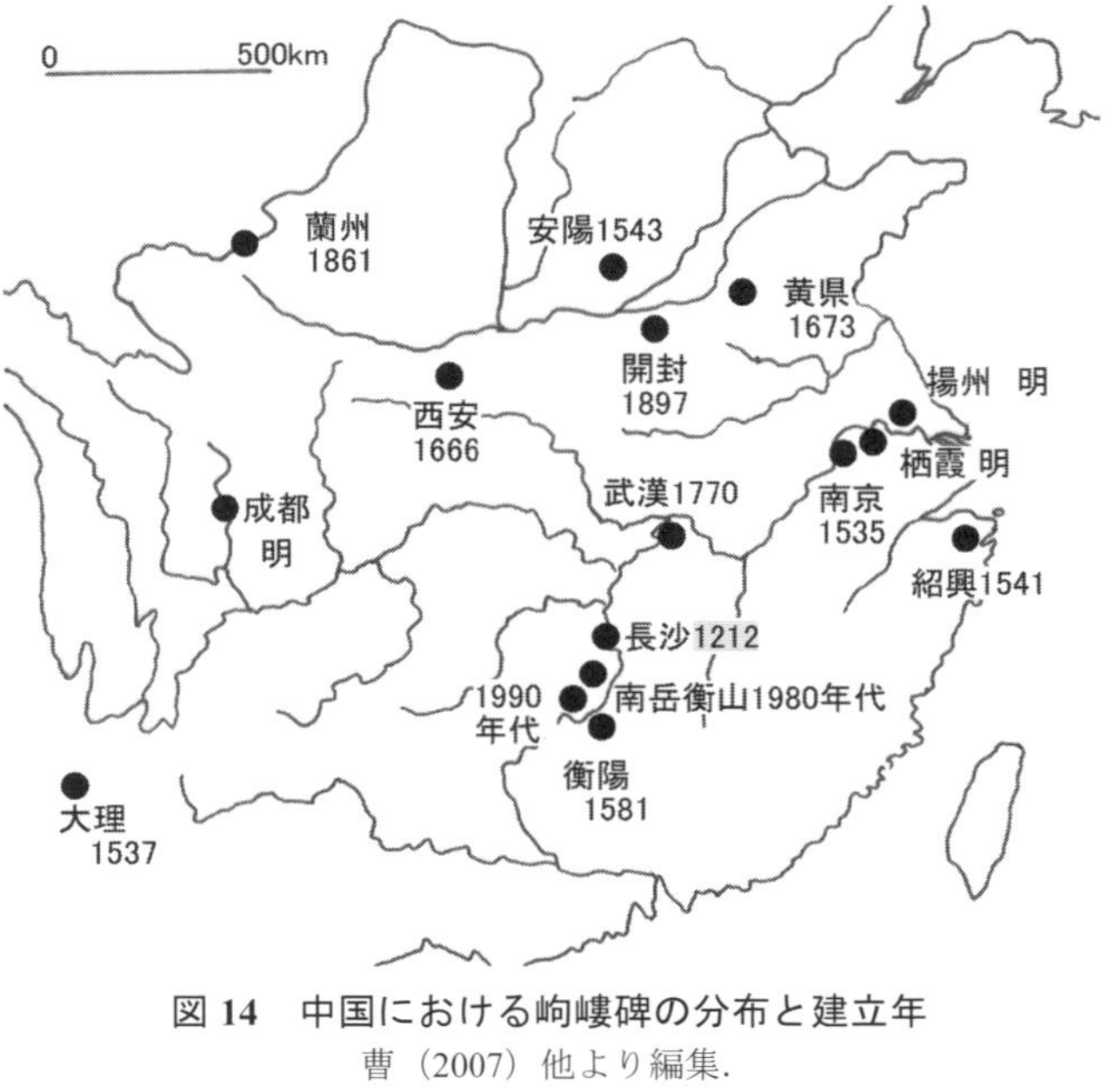

図 14　中国における岣嶁碑の分布と建立年

曹（2007）他より編集．

花崗岩の岩肌に刻まれた磨崖碑だった。数回の重修を受けており、文字が黒ペンキで塗られていて鑑賞には便利である（図12）。かつては幽山の雰囲気濃い接近困難な地点で、麓の岳麓書院と関わりが深いものだった[10]。二〇一九年春、湖南省南岳衡山祝融峰の山頂下の岩盤に一〇メートルに達する巨大な岣嶁碑（図15）、その南方の岣嶁峰森林公園、衡陽市の石鼓書院[11]にも再建された同碑を確認できた。衡山を中心とするこの地域が岣嶁碑文化の中心であることを示している。

最近の研究では、「岣嶁碑」文は春秋戦国期の衡山の山岳祭祀文であり、大禹治水を記した内容ではないとする説が提唱されている[8]。ともかく、禹王の治水事績として一七世紀以降に朝鮮と日本へ導入され、水難除去を祈願する治水のシンボルとして建碑されたのである。

群馬県片品村や宮城県加美町の山間地に、中国の難解な文字で書かれた岣嶁碑文がいかなる経緯で伝播していったのか、興味深い問題である。

図 15　湖南省南岳衡山の岣嶁碑

祝融峰付近の花崗岩磨崖碑で，77 文字を刻む．2019 年 4 月．

（10）一方 編著（二〇〇六）『至盛岳麓』中国档案出版社。

（11）郭建衡・郭幸男（二〇一四）『石鼓書院』湖南人民出版社。

六　琉球王国と禹王碑文化

（1）琉球の歴史と文化遺産

琉球王国は一四二九年の三山統一から、一八七九（明治一二）年の沖縄県設置と王国廃絶（琉球処分）までの約四五〇年間、独立国として存在した。この間、明・清と冊封朝貢関係を維持し中継貿易により繁栄した。一六〇九（慶長一四）年からは侵略に屈し、薩摩藩の支配下におかれる。このような二重支配の下、琉球王国の政治や文化は中国と日本の強い影響を受けつつ独自性を維持してきた。とくに、王国期を特徴づけるグスクやアーチ式石橋（図1）などの石造建築は、技術・景観ともに優れたものが多い(1)。これら琉球王国のグスクと関連遺産群は、二〇〇〇（平成一二）年に世界遺産に登録されている。

しかし、琉球の歴史文化遺産はそのまま現在に引き継がれてきたわけではない。沖縄本島は太平洋戦争末期に激戦地となった。一九四四（昭和一九）年一〇月一〇日の那覇大空襲、翌年四月

図1　那覇市の真玉橋

最も美しいアーチ石橋だったが，日本軍によって破壊された. 1935(昭和10)年頃. 田辺（1937）による.

（1）「沖縄の土木遺産」編集委員会編(二〇〇五)『沖縄の土木遺産　先人の知恵と技術に学ぶ』ボーダーインク。沖縄しまたて協会編(二〇一六)『琉球の築土構木』。

一日には本島中部へ米軍が上陸し、米軍南下と日本軍の無謀な徹底抗戦により敗戦までに約二四万人の犠牲者をだした。同時に、沖縄中・南部の文化財や史跡は大部分が破壊されてしまった。今日の首里城を中心とする琉球期の史蹟は、ほとんど戦後の復製物である。

沖縄には琉球王国期の石碑が約一二〇件存在する(2)。これには原碑が亡失していても、記録上存在と特徴が明らかなものや復元されたものも含まれる。

建碑の目的をみると、橋碑が二五件で最多の二一%を占め、寺社や廟の碑が一七件（一四%）、樋や池・川の碑が一四件（一二%）の順に多い。

碑の形態や碑文は琉球特有のもので、碑文に禹王を記したものが一三件存在する（図2・巻末の「日本の禹王遺跡一覧２０１９」）。そのうち八件が橋の新設や架け替えに際して建てられた橋碑であり、二件は国王顕彰、三件が孔子廟や国学碑からなる。

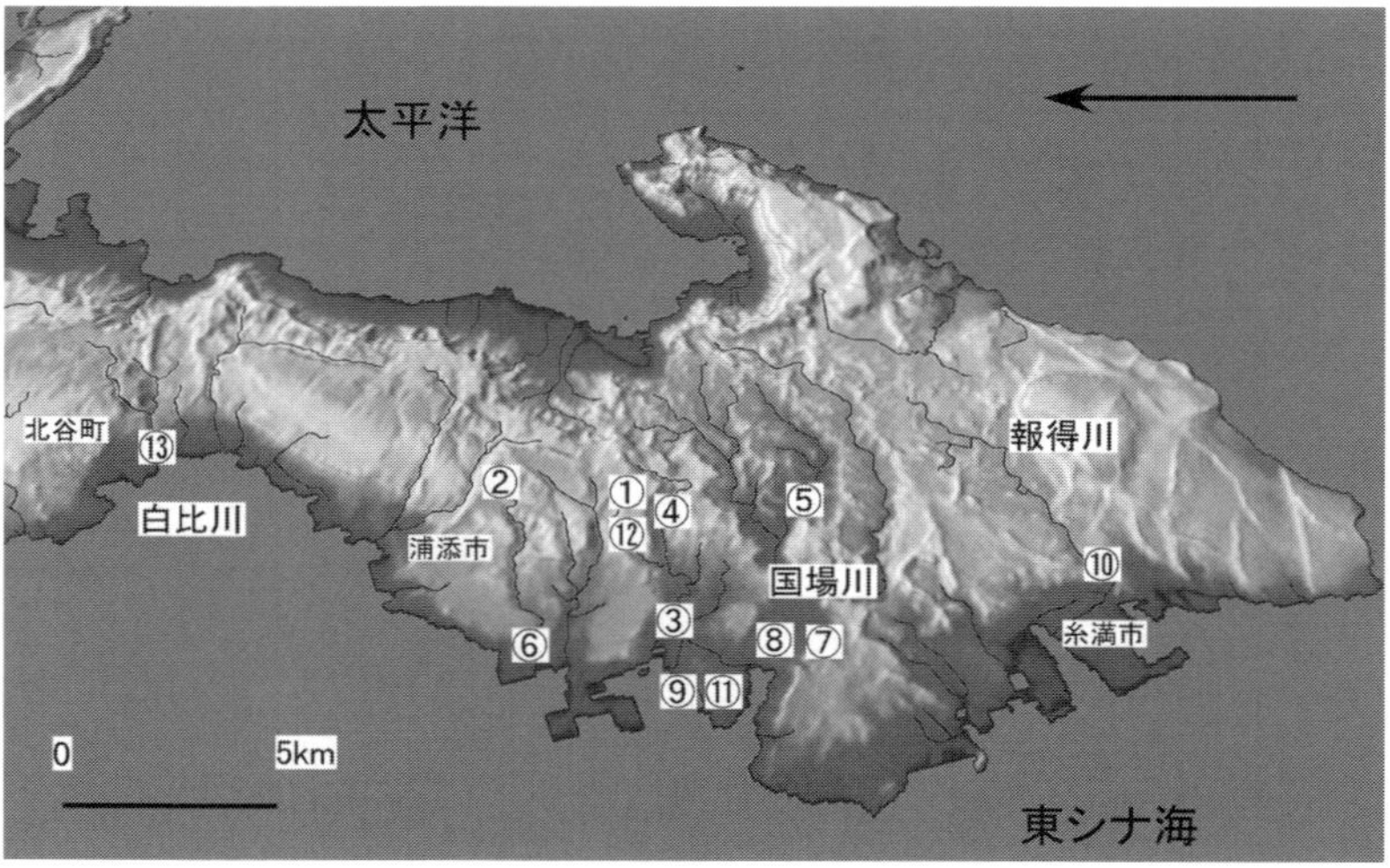

図2　沖縄本島の禹王碑分布図

首里を中心に5km以内に大部分が分布する．番号は巻末の「日本の禹王遺跡一覧2019」と一致する．Gは沖縄の地域番号．

（2）沖縄県教育庁文化課編（一九八五）『沖縄県文化財調査報告書第六十九集　金石文—歴史資料調査報告V—』

沖縄の禹王遺跡はすべて石碑であり、これらを「琉球禹王碑」と呼ぶ。二〇一六（平成二八）年一〇月、初めて琉球の禹王碑調査に行った。南風原《はえばる》町に「大禹治水之功」と記す宇平橋《うひばし》碑（一六九〇年建立）の存在が知られていた。他にもあるのではないかと仮説をたて、友人から琉球王国の研究者・山田浩世氏を紹介してもらう。彼のアドバイスを受けながら沖縄県の報告書を読み込んだところ、前述の禹王碑一三件を確認できたのである(3)。

以下では、琉球王国期の禹王碑の特徴と歴史的意義、橋碑の多い理由について考えてみよう。

（2）再建された「国王頌徳碑」

首里の都、守礼門横の杜館前広場に立つ「国王頌徳碑」（図3）に初めて向き合ったときの感激は忘れられない。碑首に羽根を広げた鳳凰《ほうおう》、碑文を囲む唐草文の縁飾、琉球文と漢文を併用した刻字。「施仁恕於士庶舜禹之智不相渝矣」（仁恕ヲ於士庶ニ施シ舜禹之智ニ相渝ラ不ル矣）と記す。華麗さと力強さを感じさせる堂々としたものだ。

一五二二年建立の本碑（G1）は、琉球の石碑の特徴をよく示していて観察しやすい。四つの特徴をもつ。

図3　首里杜館前の国王頌徳碑（左）と眞珠湊碑文（右）

現存する最古の禹王碑で，2006年再建．もとは石門東に置かれた．2016年10月．

（3）植村善博（二〇一八）沖縄本島の禹王碑と琉球王国、「治水神・禹王研究会誌」五、一一～一七頁。

①碑身には硬い細粒砂岩（ニーピヌフニ）を利用し碑台には軟らかいサンゴ石灰岩を使っている。碑は碑台に掘られた凹部にはめ込み固定してある。②碑首には日輪双鳳凰雲文とよばれる琉球独自の文様が描かれ、中央に国王頌徳碑と刻む。碑文は唐草模様の美しい縁飾帯で囲まれる（図４）。③碑文に琉球文と漢文とが用いられ、宮古より金丸の刀剣と真珠が献納されたこと、これは国王の瑞祥であることを記す。「邦畿施仁恕於士庶舜禹之智不相渝矣」は尚真王の治世と人徳の優れていることを誉め讃える。文末に「大明嘉靖元年壬午十二月吉日」と中国年号を用いており、明の嘉靖元年は西暦一五二二年、尚真王の四六年にあたる。

本碑は大戦で破壊されたが、二〇〇〇年の世界遺産登録を契機に琉球王国期の文化財として二〇〇六年八月に首里城復元期成会が再建した(4)。右側にはすべて琉球文で記した「眞珠湊碑文」が建つ。内容は那覇湊へいたる眞玉道と国場川の眞玉橋を築造したことを記念したもので、「国王頌徳碑」と同じ一五二二年に建立された。

図４　国王頌徳碑の碑首
双鳳凰雲紋と唐草の縁飾に特色がある.

（４）那覇市（二〇〇四）『那覇市世界遺産周辺整備事業　石碑復元計画調査報告書』。

（3）景観としてよみがえる石碑

つぎに浦添市仲間の浦添グスクにある禹王碑（G２）を訪ねた。碑の前では、小学生が校長先生から石碑や沖縄戦のことを熱心に学んでいた（図５）。丘上のこの碑に立つと、浦添の街並みと首里を結ぶ中頭方西海道が見わたせる。浦添で生れた尚寧王の顕彰碑で、表に琉球文、裏に漢文を記す。「恰相似神禹登岣嶁峯頭」（恰モ神禹岣嶁峯頭ニ登ルニ相似タリ）と湖南省岣嶁峰の伝説が引用されている。一五九七年建立のこの禹王碑は、尚寧王が首里―浦添間に石橋を架け、坂道を石敷にして通行が容易になったことを述べている。沖縄戦で破壊されたが、浦添市が一九九九（平成一一）年九月にグスク整備事業により復元したものだ(5)。

「琉球の禹王碑」は首里から約五キロメートル以内に集中する（図６）。周辺のものは旧道や川岸などにあってアクセスがよくない。そこで、

図５　浦添城の前の碑で学習中の小学生
2016年10月.

（５）浦添市教育委員会（一九九九）『浦添城の前の碑復原実施設計報告書』。

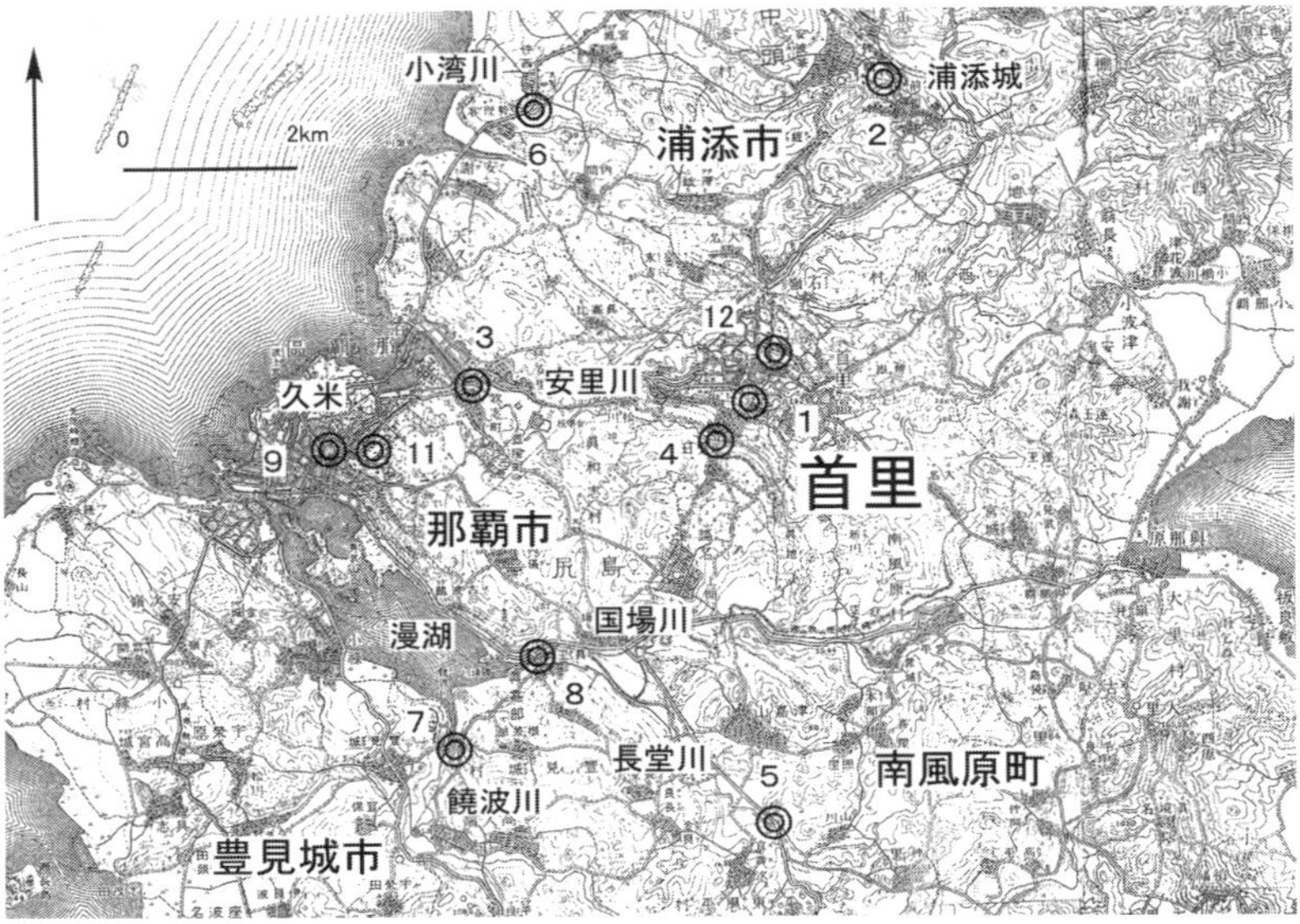

図 6　首里を中心とした禹王碑の分布

5 万分の 1 地形図「那覇」に加筆. 番号は巻末の「日本の禹王遺跡一覧 2019」と一致する.

碑のある自治体の教育委員会に情報を尋ねることにした。いずれも親切に対応いただいた。とくに、南風原町保久盛陽氏、浦添市安斎英介氏、豊見城市与那嶺豊氏には、現地案内と解説をし

図 7　重修石火矢橋碑文の破損状況

沖縄戦により大破し放置されていた. 豊見城市歴史民俗資料室に保管. 2016 年 10 月.

ていただき議論できたことを感謝している。

戦禍により破壊され、割れ残った「重修石火矢橋碑文」（G7）と碑台を豊見城市歴史民俗資料室で見学し、強烈な印象を受けた（図7）(6)。

沖縄戦で破壊された碑は多いが、それ以前に亡失していた碑もある。これらは王国期に編集された「琉球国碑文記」、郷土史家や旧台北帝大（台湾大学）が大戦前に採拓したものにより特徴が明らかにされている。近年、世界遺産登録を契機に、石碑が景観の構成要素として重視され、各地に復元碑が建てられるようになったことはすばらしい。

（6）豊見城市教育委員会（二〇一三）『重修石火矢橋碑・豊見城グスク』豊見城市文化財調査報告書一〇集。

（4）「琉球禹王碑」の特徴

琉球禹王碑の特色をまとめてみよう。

第一に、本土より古いものがある。禹王碑は一五二二（大永二）年の「国王顕彰碑」から一八二一（文政四）年の「改造池城橋碑文」まで約三百年間にわたって継続的に建立されてきた。これは第三代・尚真王から第一七代・尚灝王までの時代にあたる(7)。

一五二二年に建立された「国王頌徳碑」は日本最古の禹王遺跡で、一五九七（慶長二）年建立の「浦添城の前の碑」は二番目に古い。本土で最も古い京都鴨川の夏禹廟を除けば、一六二九（寛永六）年に名古屋城の孔子廟に置かれた「禹金像」や一六三二（寛永九）年の「大禹像画」がある。琉球の「国王頌徳碑」はこれより約一一〇年、「浦添城の前の碑」は約三五年も古い。琉球

（7）又吉眞三編著（一九八八）『琉球歴史総合年表』那覇出版社。

王国では一五世紀以来中国への進貢と文化交流が続けられており、禹王の事績などは明・清から直接吸収し、碑文に反映していたのである。

第二の特色は、建立の断絶期が存在することである。一五九七（慶長二）年の「浦添城の前の碑」から一六七七（延宝五）年の「安里橋之碑文」（G3）まで、約八〇年間に禹王碑はない。禹王碑以外の石碑も四件にすぎず、明らかに断絶期がある[2]。この間は一六〇九年の薩摩による侵略と植民地化が生じ、王国の政治や社会経済に大混乱と打撃をあたえた時期と重なる。年貢や物資貢納など過酷な収奪体制が強制され、王府は全勢力をその対応に傾注した。そして、一六七七年に建立される「安里・金城両橋碑文」は、王府の新体制が安定し軌道にのったことの反映だろう。一方、以後は国王顕彰が消え、橋の架設を記念する橋碑が中心になる。これは薩摩の支配下で国王顕彰が遠慮され、架橋事業の碑文（図8・9）のなかに国王の恩沢を記すようになったことを示す。これは、碑首文様から華麗な鳳凰や雲文が消え簡略化されたのと同じ背景をもつ[8]。

第三の特色は、治水信仰とは無関係な点である。

禹王碑の建立は王府の権威と王の顕彰を記録したもので、地域住民が治水や水害除去を願って建碑したものではない。琉球では禹王が治水神として受容・信仰されたことはない。この点で、本土の禹王遺跡と根本的に異なる。その理由として、①碑や碑文はすべて王府が作成しており、地域住民による禹王信仰を反映したものではない、②地域には強い土着の信仰があり、一般住民

（8）安里進（一九九一）『考古学からみた琉球史下』ひるぎ社。

には媽祖や禹王など外来の神は受容されなかった(9)、③河川は小規模で川沿いの低地も重視されなかったことから治水が主要な関心事にならなかった、ことなどが推定される。

薩摩支配以後の碑文は、禹王を国王顕彰の修辞的表現として、久米村の中国系官人が作成したものである。中国留学の経験をもち、儒学や漢文の教養に習熟した久米官人らの、儒教的教養と漢詩作成能力を示すものといえる(10)。

図8　糸満市照屋の報得橋（むくえはし）**記と保存状況**

2016年10月.

図9　糸満市の報得橋記の拓本

1732年に建立．碑首模様は簡素化されている．糸満市教育委員会説明板による．

(9)　中国系住民が居住する久米村には媽祖を祀る天妃宮や関帝廟などが建てられた。具志堅以徳・国吉有慶『久米村の民俗』久米崇聖会。

(10)　久米国鼎会（二〇〇八）『久米毛氏四百年記念誌』。

第四の特色は、橋碑が多いことである。

禹王碑中の六割にあたる八件が橋碑であり、一六七七年の「安里・金城両橋碑文」（G３・４）から一八二一（文政四）年の「改造池城橋碑文」（G13）まで一四四年間にわたって建立された（図10）。とくに尚貞王期（一六六九〜一七〇九年）と尚敬王期（一七一三〜一七五一年）に七件が成立、きわだった集中を示す。

橋碑が一七世紀中葉〜一八世紀中葉に集中する背景に、両王期に王府の権威と経済的繁栄が最盛期を迎え、経費を要する橋工事が可能になったことがある。しかし、これは十分条件にすぎない。この間に大規模洪水が頻発して橋の破壊や流失が多発したことが、最も重要と考える(11)。すなわち、薩摩支配下において農地の拡大や製糖などの産業振興が強く推進された。このため、森林の乱伐や裸地の拡大が河川流域の荒廃をまねき、豪雨時の流出量と流出速度が増大して大規模な洪水が頻発するようになった。森林破壊により大洪水が

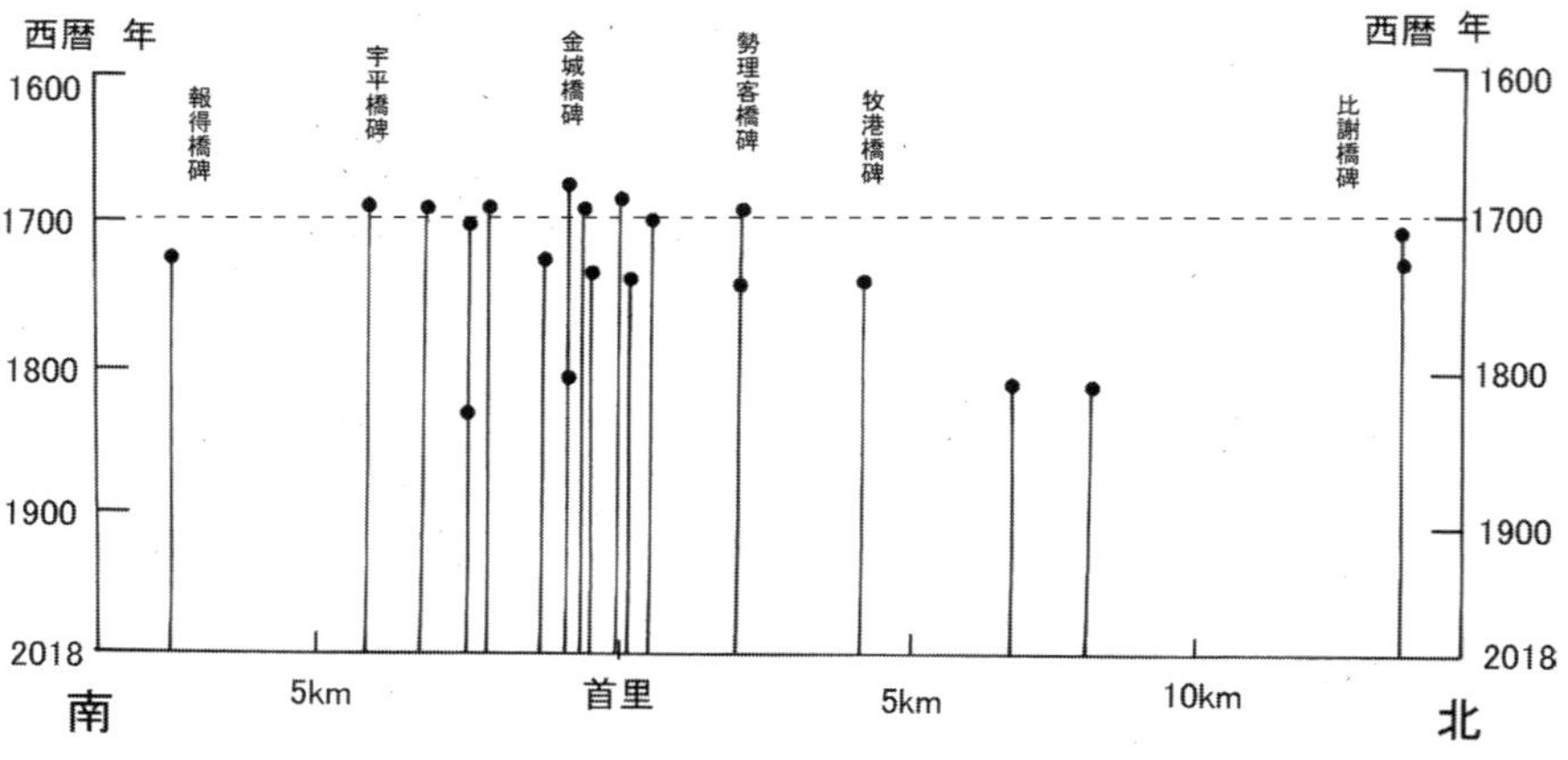

図 10　沖縄本島の橋碑年代グラフ

沖縄本島の一般軸に投影した．1700 年の位置に破線を入れた．植村(2019)に加筆．

(11) 植村善博（二〇一九）琉球王国期における橋碑の建立とその背景、「佛教大学歴史学部論集」九、一〜二三頁。

図 11　蔡温（1682~1761）
久米村出身の中国系官人．三司官に栄進，行政や治水に優れた手腕を発揮した．

多発して橋の再架設や改築を余儀なくされたのである。

一方、洪水の多発と森林破壊に対して、敢然と取り組んだのは三司官にのぼった蔡温（一六八二〜一七六一）である（図11）。彼は一七三六年に「川原筋調方命」、翌年に「杣山法式帳」などを発令し、全河川の調査と改修事業および森林の維持と保全を積極的に実施した(12)。蔡温の施策には治山・治水と森林保護を一体として実行する河川流域管理の姿勢が明瞭にみられる。一七四四（延享元）年以降、一八一〇（文化七）年の金城橋の重修までの六六年間に、橋の破壊や工事記録はなく、蔡温の施策が成果をあげ、洪水が激減したことを示す。

以上、沖縄の禹王遺跡は中国から輸入された石碑文化および国王や橋架設を顕彰・記念するため、禹王の事績を修辞的に読み込んだ久米官人の教養とが融合した禹王碑によって特徴づけられる。これは東アジア地域に例をみない特異な文化であり、「琉球禹王碑文化」と呼んでいる(3)。

最後に、現段階で東アジアの禹王文化を図12に要約する。

(12)国吉有慶（一九六九）『蔡温具志頭親方文若頌徳碑』久米崇聖会。田名真之（二〇〇八）『蔡氏クニンダ人物志1』久米崇聖会。

日本本土では基層的に「治水神・禹王信仰」が支配的で、近世以降河川流域を中心に広く受容されていった。そして、時代とともに新たな価値を付加しつつ現代まで引き継がれている。

沖縄では一六世紀から一九世紀初頭まで、琉球王国の国王顕彰碑や石橋架設記念の橋碑に修辞的表現として禹王事績が読み込まれた。

台湾では禹王を主神とする海洋神の「水仙尊王信仰」で特徴づけられ、今日では漁業従事者に強く信仰されている。香港でも旧漁村に水仙信仰の遺物が点在している。

現代中国では模範的人間像として「社会英雄大禹」の再評価が進んでいる。

朝鮮半島には禹王地名が全域に分布しており、「禹王地名文化圏」としてまとめたい。

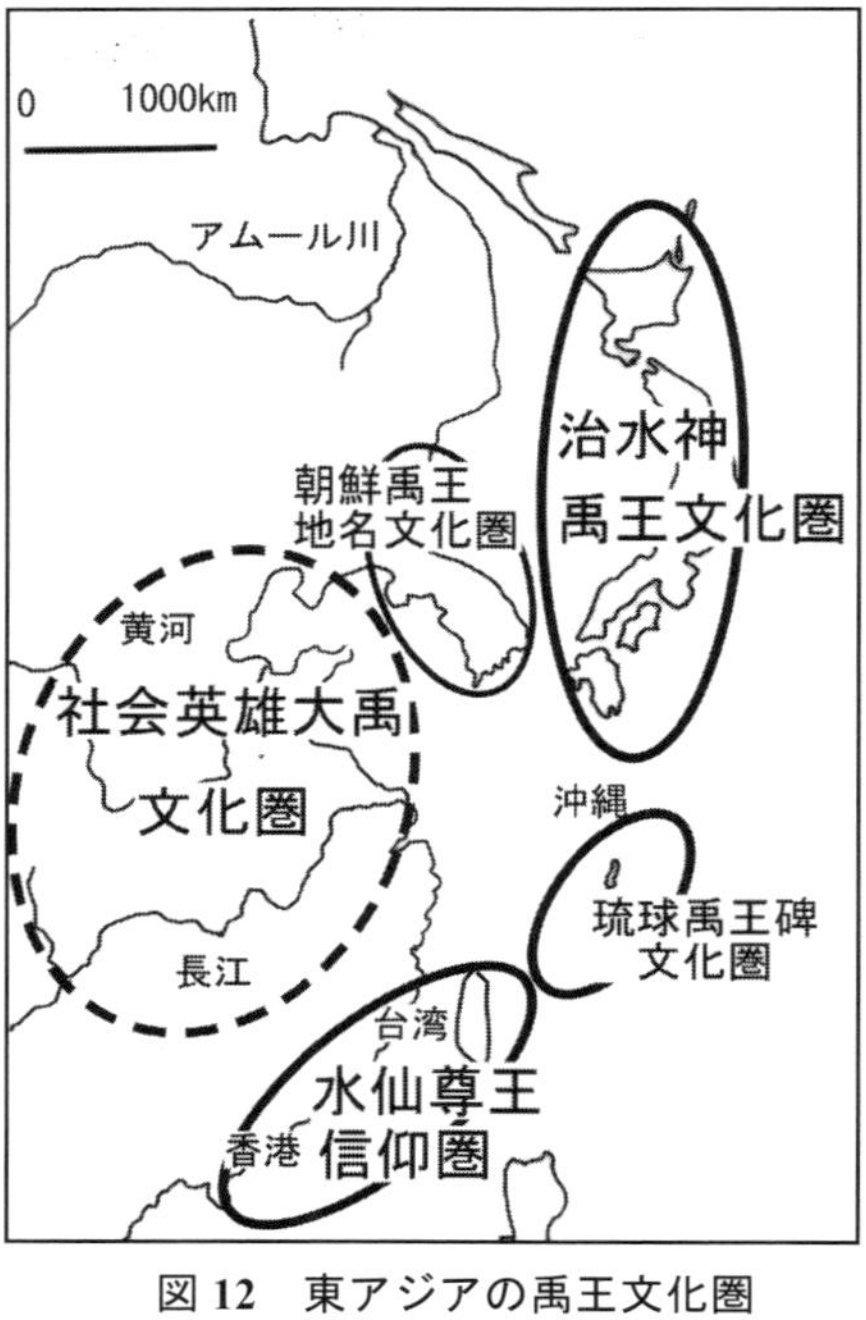

図 12　東アジアの禹王文化圏

あとがき

本書執筆中の二〇一九年六月、北海道平取町二風谷《にぶたに》のアイヌ文化博物館を訪ねた。少し離れた萱野茂アイヌ資料館に立ち寄った時、金田一京助の石碑に引きつけられた。彼が自ら詠んだ「物言わず　声も出さず　石はただ　全身もって　おのれを語る」が刻んである。忘れられた禹王と、文字を持たず失われようとしているアイヌとを重ね合わせたとき、強い脈動に打たれた。

わたしたちは、日本人から忘れ去られた禹王と禹王信仰・禹王文化を、語らぬ石碑などから掘り起こして十年が過ぎ去った。この間に研究同好の仲間が集まって「治水神・禹王研究会」を結成し、全国の禹王に関する情報収集と研究が進展しつつある。本書は、多くの方々の協力により二〇一三年に出版した『治水神禹王をたずねる旅』（人文書院）の続編であり、禹王と治水信仰を地域の河川や人々の生活と歴史の中に位置づけようとしたものである。

二〇〇八年九月、ゼミ生の卒業論文指導で、初めて神奈川県酒匂川を訪ねた。その時、我々を文命堤や文命堤碑へ案内し、富士山噴火後の大洪水と治水について熱く語ってくれたのが大脇良夫さんだった。そのときは、「そうですか」と返事をするだけだった。翌年、鴨川に禹王廟があり調べていると連絡をうけた。ちょうど鴨川の水害史調査の最中だったので、鴨川の禹王に興味をもった。さらに、大阪府島本町の禹王碑を見学したいので説明してほしいと頼まれた。そこで島本町の高浜の調査に入り、二〇〇九年八月にはバスで高浜に乗りつけた「足柄の歴史再発見クラブ」の皆さんを、春日神社の夏大禹聖王碑に案内した。こうして、治水神・禹王についてわたしは注意を向けるようになっていった。

大脇さんたちは、地域を巻き込んで禹王を普及し町のシンボルとして活用するという方向性をもった全国禹王サミットを次々に実行していった。初回の開成町から片品村、高松市、広島市、臼杵市、富士川町と続き、七回目は二〇一九年一〇月に濃尾平野の高須輪中の中心、海津市海津町高須周辺で開かれる。

酒匂川で大脇氏と、そして文命宮や文命堤碑と出会ってから十年。その間、禹王遺跡の調査は進み、二〇一三年の出版時に五七件であったものが、二〇一九年三月には二倍以上の一三三件に達した。

幸運にもわたしは、北海道から沖縄県まで分布する禹王遺跡を、ほぼ調査することができた。現地で案内や説明をうけ図書館で資料を調べ、調査結果を整理して文章に残してきた。今回、禹王研究のおもしろさと大切さ、現状と問題点を広く知ってもらうこと、今後の調査研究や災害遺産として利用できる情報を提供することを目的に本書を編集した。本文や地図の多くは筆者の責任で書いたが、伊藤修、大脇良夫、片山正彦、北原峰樹、菊田徹、関口康弘、谷端郷、水谷容子さんら地域に詳しい研究会員の皆さんに原稿を読んでいただき、ご意見などを反映させた。飯塚隆藤氏には最終原稿を閲読・助言いただいた。友情に厚く感謝したい。

本書は「治水神・禹王研究会」と筆者との共同作品というべきものになった。「治水神・禹王研究会」会長として研究と組織を牽引してくださった大脇良夫氏の尽力と情熱に心から感謝します。また、研究会顧問として指導いただいた王敏、露木順一両先生、会の運営に尽力くださっている関口康弘・明美夫妻、浅田京子、竹内晶子、伊藤廣之、安田勝、田中麦子、片山正彦、大邑潤三の皆さんにお礼申しあげます。

最後に、本書出版に全力を傾けて支援くださった古今書院編集部の関秀明、原光一両氏に謝意を表します。

二〇一九年六月　鴨川の畔にて

「治水神・禹王研究会」会長　植村　善博

「治水神・禹王研究会」ホームページ

https://sites.google.com/view/uo-kenkyukai/

所在地	碑文・名称
兵庫県丹波市柏原町上小倉　旧鐘ヶ坂隧道	永勝禹功
兵庫県姫路市網干区宮内　魚吹八幡神社	禹帝像
奈良県橿原市久米　久米寺	前堯後禹
京都市東山区林下町　知恩院華頂友禅苑	禹門
京都市北区大徳寺町　龍光院	禹門
岡山県岡山市北区建部町川口	嗚呼微禹
鳥取県西伯郡伯耆町富江	神功禹蹟
香川県高松市栗林町　栗林公園商工奨励館	大禹謨
広島市安佐南区八木　河川公園	大禹謨
愛媛県西条市福武甲　武丈公園	禹貢
山口県周南市鹿野上　漢陽寺	大禹不亦大遠矣
山口県山口市鰐石町	禹門点額
岡山県倉敷市松島　両児神社	禹余糧石
徳島県三好郡東みよし町　三庄公民館	神禹也
島根県松江市北堀町塩見縄手　武家屋敷庭園	禹封
島根県松江市西川津町　島根大学図書館	禹封
愛媛県西予市城川町魚成　龍澤寺	禹門山
愛媛県西予市城川町魚成　龍澤寺	禹門淵
佐賀県佐賀市久保田町大字久保田　明春寺	君奉禹湯
大分県臼杵市家野町字松ケ鼻	大禹后稷合祀壇
大分県臼杵市家野町字松ケ鼻	大禹后稷合祀之碑
大分県臼杵市望月町	大禹后稷
鹿児島県熊毛郡南種子町平山北小浦	昔禹王治水
鹿児島県熊毛郡南種子町平山	禹王水を治む
大分県臼杵市家野町字松ケ鼻	禹稷合祀碑記
熊本県天草市楠浦町大久保	禹功之称，大亮院禹功宗久居士
福岡県遠賀町木守（水巻町吉田から移転）	雖禹之功
大分県佐伯市弥生大字細田	禹翁塔
大分県佐伯市弥生大字江良　洞明寺	禹翁居士
沖縄県那覇市首里　首里城杜館広場	舜禹之智
沖縄県浦添市仲間　浦添城	神禹登岣嶁峰頭
沖縄県那覇市泊１丁目	禹三過其門
沖縄県那覇市首里金城町	大禹之功
沖縄県島尻郡南風原町山川	大禹治水之功
沖縄県浦添市勢理客２丁目	禹甸
沖縄県豊見城市豊見城	永懐禹徳
沖縄県豊見城市真玉橋	禹功
沖縄県那覇市久米　久米至聖廟	伝之禹禹以是伝
沖縄県糸満市照屋	禹王治水
沖縄県那覇市久米　旧孔子廟	禹貢
沖縄県那覇市首里当蔵町　旧国学	禹貢
沖縄県中頭郡北谷町北谷	神禹治平之功

巻末表　日本の禹王遺跡一覧 2019（その 3）

地域	番号	名称（流域河川名）	建立年	建立者
	13	金坂修道供養塔銘（柏原川）	1823	柏原世話人中
D	14	地車の露盤（揖保川）	2010	長松自治会
	15	益田池碑銘並序（高取川）	1900	宥範，乗本と村民
近	16	禹門（鴨川）	1968	小林正佳
畿	17	禹門（堀川）	1606 ～ 1649	江月宗玩
	1	修堤之碑（誕生寺川）	1908	有志者
	2	篠田・大岩二君功労記功碑（本谷川）	1896	富江住民有志
E	3	大禹謨（香東川）	1637	西嶋八兵衛
	4	大禹謨（太田川）	1972	池田早人
中	5	大町村用水釜乃口石ふみ（加茂川）	1852	松木十郎左衛門
国	6	潮音洞碑（渋川）	1681	岩崎善右衛門
・	7	鰐石生雲碑（椹野川）	2014	大内文化まちづくりプロジェクト委員会
四	8	禹余糧石（足守川）	1933	坪井藤八
国	9	水防林之碑（吉野川）	1922	三庄村民
	10	瀧川君山先生故居碑（大橋川）	1975	有志
	11	瀧川君山先生故居碑文（大橋川）	1975	有志
	12	龍澤寺本堂扁額（鯎川）	（不明）	龍澤寺
	13	龍澤寺仁王門対聯（鯎川）	（不明）	龍澤寺
	1	明春寺鐘銘（嘉瀬川）	1819	村岡八兵衛，松下市五郎
	2	大禹后稷合祀壇（臼杵川）	1740	臼杵藩主稲葉泰通
F	3	大禹后稷合祀之碑（臼杵川）	1740	臼杵藩主稲葉泰通
	4	不欠塚（臼杵川）	1838	上望月村惣中
九	5	水天之碑（大浦川）	1859	平山村民
	6	区画整理竣工之碑（大浦川）	1989	南種子町土地改良区
	7	禹稷合祀碑記	1740	臼杵藩主稲葉泰通
州	8	宗像堅固墓碑（方原川）	1884	宗像松彦
	9	一田久作墓誌（遠賀川）	1772 年頃	久作の子
	10	禹翁塔（番匠川）	1857	出納藤七郎
	11	出納藤左衛門墓碑（番匠川）	1832	出納家
	1	国王頌徳碑（安里川）	1522	琉球王府
	2	浦添城の前の碑（小湾川）	1597	琉球王府
	3	安里橋之碑文（安里川）	1677	琉球王府（亡失）
G	4	金城橋碑文（安里川）	1677	琉球王府（亡失）
	5	宇平橋碑（国場川）	1690	琉球王府
沖	6	勢理客橋碑（小湾川）	1691	琉球王府
	7	重修石火矢橋碑文（饒波川）	1697	琉球王府
	8	重修真玉橋碑文（国場川）	1708	琉球王府
縄	9	中山孔子廟碑記（久茂地川）	1716	琉球王府
	10	報得橋記（報得川）	1732	琉球王府
	11	大清琉球国夫子廟碑（久茂地川）	1756	琉球王府（亡失）
	12	琉球国新建国学碑文（真嘉比川）	1801	琉球王府（亡失）
	13	改造池城橋碑文（白比川）	1821	琉球王府

・地域 A~G および禹王遺跡番号は，口絵 1 の「日本禹王遺跡分布図 2019」に対応する．

所在地	碑文・名称
山梨県南巨摩郡富士川町鰍沢	禹不能鑿
長野県下伊那郡高森町下市田	禹余石・禹余堤
新潟県燕市大河津	禹に勝る
新潟県南魚沼郡塩沢町鎌倉沢	禹績豹功垂
福井県福井市足羽上町　足羽神社	神禹
岐阜県大垣市浅西 1 丁目	夏后・神禹
岐阜県海津市海津町萱野　歴史民俗資料館	禹王木像
岐阜県海津市海津町萱野　願信寺	禹王肖像画
岐阜県海津市南濃町田鶴　和合館	禹王灯籠
岐阜県海津市海津町鹿野	大禹王尊
岐阜県養老郡養老町小巻	禹功門
岐阜県養老郡養老町大巻	禹功門
愛知県愛西市立田町福原　木曽川文庫	何為譲禹功
愛知県北名古屋市師勝町久地野 160-1	銘心禹貢
愛知県名古屋市東区　徳川美術館	禹金像
山梨県西八代郡三珠町大塚	茲続禹績
新潟県新発田市真野原　加治川治水公園	禹功者多
新潟県新発田市小戸山石谷沢〜板山上新田	禹泉江・禹泉用水
新潟県佐渡市新穂皆川	禹績可底
福井県福井市足羽上町　足羽神社	譲彼夏禹哉
岐阜県大垣市郭町　大垣公園	非禹孰比
三重県伊賀市上野紺屋町　正崇寺	大禹謨
静岡県賀茂郡東伊豆町大川　三島神社	禹跡山川
長野県飯山市・新潟県板倉町境　関田峠	大禹治洪水
山梨県南巨摩郡富士川町富士橋東詰	禹之瀬
岐阜県中津川市四ツ目川	大禹謨
長野県上伊那郡中川村田島　石碑公園	大聖禹王廟碑
長野県上伊那郡中川村田島　石碑公園	功在禹下
長野県駒ヶ根市東伊那大久保	后稷禹
岐阜県大垣市中川町　松濤寺	舜誉禹徳
山梨県南巨摩郡富士川町鰍沢	禹之瀬
山梨県西八代郡市川三郷町　大門碑林公園	堯禹之姿
山梨県西八代郡市川三郷町　大門碑林公園	伯禹，禹之口
山梨県西八代郡市川三郷町　大門碑林公園	大禹謨
京都市東山区松原橋（旧五条橋）	夏禹廟
京都市上京区京都御所　常御殿	大禹
京都市西京区嵐山元禄山町　大悲閣参道	治水功如禹
大阪府三島郡島本町高浜　春日神社	夏大禹聖王
大阪市都島区中野町　桜宮神社	微伯禹人咸魚
大阪府高槻市唐崎　淀川堤防	雖大禹不過此也
大阪府高槻市唐崎　淀川堤防	一片豊碑是禹廟
大阪市北区長柄東 3 丁目	神禹之功
大阪市淀川区十三東　木川墓地	禹鑿之手
大阪府四條畷市南野　四條畷神社	大禹治水
大阪府四條畷市南野　四條畷神社	神禹之功
大阪府柏原市国分東条　東条墓地	小禹廟

巻末表　日本の禹王遺跡一覧 2019（その 2）

地域	番号	名称（流域河川名）	建立年	建立者
C中部	1	富士水碑（富士川）	1797	受益民
	2	禹余堤・禹余石（天竜川）	1752	中村惣兵衛
	3	句仏上人句碑（大河津分水路，信濃川）	1928	受益者有志
	4	砂防記念碑（魚野川）	1936	魚沼町有志
	5	九頭龍川修治碑（足羽川）	1912	官民有志
	6	和田光重之碑（牧田川）	1879	和田昭成他 38 名
	7	禹王木像（揖斐川）	1838	高須藩主松平義建
	8	大禹聖像掛軸（揖斐川）	1838	宋紫岡
	9	禹王さん灯籠（揖斐川）	江戸期	田鶴村民
	10	大禹王尊掛軸（長良川）	江戸後期	高須藩主松平義建
	11	禹功門（大榑川）	1903	内務省
	12	大榑川水門改築紀念碑（大榑川）	1954	揖斐川水害予防組合，福東輪中土地改良区
	13	禹功徳利（木曽川）	1900	内務省
	14	水埜士惇君治水碑（新川）	1819	新川受益 28 カ村
	15	禹金像（堀川）	1629	徳川義直
	16	大塚邑水路新造碑（押出川）	1797	大塚村民
	17	加治川治水碑（加治川）	1913	加治川水害予防組合
	18	禹泉江・禹泉用水（板山川）	享保年間	涌井与平，涌井勘左衛門
	19	岸本君治水碑（国府川）	1856	皆川郷受益村民
	20	足羽宮之碑（足羽川）	1830	石場町の商人
	21	金森吉次郎翁寿像記（水門川）	1923	大垣輪中水害予防組合
	22	大禹謨（木津川）	2004	稲垣正昭
	23	三島神社拝殿格天井漢詩（大川）	1853	三島神社社中
	24	関田嶺修路碑	1849	藤巻勘之丞
	25	禹之瀬河道整正事業竣工の碑（富士川）	1995	甲府工事事務所他
	26	地平天成碑（木曽川）	1997	建設省
	27	大聖禹王廟碑（天竜川）	1809	松村理兵衛忠良
	28	天流功業義公明神碑（天竜川）	1809	松村理兵衛忠良
	29	大窪邨中邨氏墾田碣記（天竜川）	1792	（不明）
	30	金森吉次郎墓碑（水門川）	1972	金森家
	31	禹之瀬開削記念碑（富士川）	2008	仲町若葉会
	32	孔子廟堂碑（笛吹川）	1994	市川大門町
	33	九成宮禮泉銘碑（笛吹川）	1994	市川大門町
	34	尚書大禹謨板碑（笛吹川）	1994	市川大門町
D近畿	1	夏禹廟（鴨川）	1228	勢多為兼（亡失）
	2	大禹戒酒防微図（鴨川）	1855	鶴沢探真
	3	黄檗高泉詩碑（桂川）	1924	森下博
	4	夏大禹聖王碑（淀川）	1719	木村道信
	5	澱河洪水紀念碑銘（大川）	1886	大阪地区発起人有志
	6	修堤碑（淀川）	1886	発起者 10 名
	7	明治戊辰唐崎築堤碑（淀川）	1890	三箇牧町長木村孫太郎他三郡住民
	8	淀川改修紀功碑（淀川）	1909	大阪官民有志
	9	島道悦墓碑（淀川）	1674	嶋道悦嗣子晦厳
	10	大橋房太郎君紀功碑（寝屋川）	1923	大阪官民有志
	11	治水翁碑（寝屋川）	1923	大阪緑藍会員
	12	小禹廟（大和川）	1753	国分船船持衆

所在地	碑文・名称
北海道千歳市泉郷　泉郷神社	禹甸荘
宮城県石巻市住吉町　住吉公園	神禹・神禹以後
秋田県由利本荘市矢島町　歴史交流館	大禹謨
山形県酒田市飛鳥町　飛鳥神社	禹之治水
宮城県加美郡加美町味ヶ袋	大禹之碑（岣嶁碑）
青森県青森市松原　棟方志功記念館	禹門
栃木県真岡市大道泉　大山阿夫利神社	禹廟
群馬県利根郡片品村土出	大禹皇帝碑（岣嶁碑）
群馬県沼田市利根町泙川　平川不動	禹王之碑
埼玉県北葛飾郡杉戸町深輪358　桜神社	禹王像の線刻
埼玉県久喜市菖蒲町小林	文命聖廟
千葉県野田市関宿台町66	大禹聖人也
東京都文京区本郷 東京大学正門横	大禹疏鑿之功
東京都台東区　東京国立博物館	大禹肖像
東京都台東区谷中　長明寺	禹といへる聖人，禹にも劣らざる
神奈川県横須賀市小矢部　衣笠山公園	大禹治水
神奈川県鎌倉市山ノ内　建長寺	父輔禹功
神奈川県足柄上郡山北町岸	文命・神禹・大禹
神奈川県南足柄市怒田　福澤神社	文命・神禹・禹
茨城県取手市神浦13	神禹也
栃木県芳賀郡芳賀町東水沼　唐樋溜	禹功・神禹
東京都墨田区東向島　露伴児童遊園	禹の功これを治め
埼玉県行田市真名板　薬師堂	禹之治水也
茨城県行方市玉造甲高須	則禹所
茨城県北相馬郡利根町布川	功亜神禹
茨城県古河市錦町三国橋東	禹鑿開先
神奈川県南足柄市怒田　福澤神社	神禹，文命
神奈川県南足柄市怒田　福澤神社	文命御宝前
神奈川県南足柄市怒田　福澤神社	文命大明神
神奈川県南足柄市怒田　福澤神社	文命
神奈川県南足柄市怒田小市	文命橋
神奈川県南足柄市怒田　福澤神社	文命用水
神奈川県南足柄市怒田	文命隧道
神奈川県足柄上郡開成町吉田島	文命中学校
神奈川県南足柄市怒田	新文命橋
神奈川県南足柄市内山	文命橋
神奈川県足柄上郡山北町岸	文命大明神
神奈川県南足柄市班目	文命堤
神奈川県足柄上郡山北町岸	水神文命
神奈川県南足柄市班目	文命用水
埼玉県熊谷市妻沼町八木田	大禹盡力
埼玉県熊谷市石原　東漸寺	願省禹公力
神奈川県足柄上郡大井町金手	文命用水路
埼玉県熊谷市妻沼町八木田	大禹盡力

巻末表　日本の禹王遺跡一覧 2019（その 1）

地域	番号	名称（流域河川名）	建立年	建立者
A 北海道・東北	1	禹甸荘碑（嶮淵川）	1988	泉郷地区圃場整備事業促進期成会
	2	川村孫兵衛紀功碑（旧北上川）	1897	発起人 26 名
	3	大禹謨（小吉川）	2001	高松市友好都市親善交流協会
	4	大町新渠碑（相沢川）	1880	受益村民
	5	大禹之碑（鳴瀬川）	1862	原街村長池田景孝
	6	禹門（堤川）	1975	小林正佳
B 関東	1	禹廟（鬼怒川）	（不明）	（不明）
	2	大禹皇帝碑（片品川）	1874	星野誉市郎他
	3	禹王之碑（泙川）	1919	（不明）
	4	大禹像碑（江戸川）	1849	受益村民有志
	5	文命聖廟（元荒川）	1708	島田忠章
	6	船橋随庵水土功績之碑（江戸川）	1895	関宿住民有志
	7	古市公威像（隅田川）	1937	記念事業会
	8	歴聖大儒像（隅田川）	1632	狩野山雪
	9	人力車発明紀念碑（隅田川）	1891	（不明）
	10	西田明則君之碑（東京湾）	1923	有志
	11	河村君墓碣銘並序（滑川）	1721	河村義篤
	12	文命宮・文命西堤碑（酒匂川）	1726	田中丘隅
	13	文命宮・文命東堤碑（酒匂川）	1726	田中丘隅
	14	神浦堤成績碑（小貝川）	1870	受益村民有志
	15	唐桶溜導水遺蹟碑（野元川）	1806	岡田亀山
	16	幸田露伴文学碑（墨田川）	1990	墨田区
	17	新渠之碑（旧利根川）	1867	受益村民
	18	高須堤防築堤回向碑（梶無川）	1826	白井小衛門門幹
	19	小久保喜七君頌徳之碑（利根川）	1926	田中義一
	20	渡良瀬川治水紀功碑（渡良瀬川）	1926	記念事業会
	21	堤記（酒匂川）	1726	田中丘隅
	22	文命御宝前（洗鉢・東堤）（酒匂川）	1727	田中丘隅
	23	文命大明神御宝前（酒匂川）	1727	田中丘隅
	24	奉再建文命社御宝前（東堤）（酒匂川）	1807	文命社氏子
	25	文命橋（酒匂川）	1931	神奈川県
	26	文命用水之碑（酒匂川）	1936	神奈川県
	27	文命隧道（額碑）（酒匂川）	≦ 1933	神奈川県
	28	開成町立文命中学校（酒匂川）	1947	足柄上郡学校組合
	29	新文命橋（文命隧道出口）（酒匂川）	1971	神奈川県
	30	文命橋（文命隧道入口）（酒匂川）	1983	南足柄市
	31	文命大明神（手洗鉢）（酒匂川）	1727	田中丘隅
	32	文命堤床止工（酒匂川）	1971	神奈川県
	33	震災復旧記念碑（酒匂川）	1926	震災復旧耕地整理組合
	34	文命用水放水門（酒匂川）	1930 年代	神奈川県
	35	備前渠再興記碑（旧碑）（利根川）	1833	備前渠組合
	36	東漸寺山門棟札（荒川）	1743	東漸寺
	37	酒匂川左岸用水完成碑（酒匂川）	1970	酒匂川左岸土地改良区
	38	備前渠再興記碑（新碑）（利根川）	1994	備前渠土地改良区

著者紹介

植村 善博　うえむら よしひろ

1946 年京都市生まれ．立命館大学大学院修士課程修了．博士（文学）．
京都府立高等学校教諭を経て，佛教大学歴史学部教授．
2017 年より佛教大学名誉教授．立命館大学歴史都市防災研究所客員研究員．
専門は自然地理学．
現在，「治水神・禹王研究会」会長．
主著：『環太平洋地域の地震災害と復興』（古今書院）『ニュージーランド・アメリカ比較地誌』（ナカニシヤ出版），『京都の治水と昭和大水害（改訂版）』（文理閣），『台風 23 号災害と水害環境』（海青社），『京都地図絵巻』（共編，古今書院），『治水神禹王をたずねる旅』（共編，人文書院）など．

治水神・禹王研究会　ちすいしん・うおうけんきゅうかい

禹王と治水信仰に関する研究・同好者により 2013 年に設立．会員数 160 名．
年 1 回総会を開催，研究会誌と会報を発行している．詳しくはホームページを参照．
https://sites.google.com/view/uo-kenkyukai/

書　名	**禹王と治水の地域史**
コード	ISBN978-4-7722-2027-9
発行日	2019 年 9 月 14 日　初版 第 1 刷発行
著　者	植村 善博 + 治水神・禹王研究会
	Copyright © 2019 Yoshihiro UEMURA
発行者	株式会社 古今書院　橋本寿資
印刷所	三美印刷 株式会社
製本所	三美印刷 株式会社
発行所	古今書院　〒 113-0021 東京都文京区本駒込 5-16-3
TEL/FAX	03-5834-2874 / 03-5834-2875
振　替	00100-8-35340
ﾎｰﾑﾍﾟｰｼﾞ	http://www.kokon.co.jp/　検印省略・Printed in Japan